Preschool Math Counting Workbook

For Kids Ages 3-5

This Book Belongs to

_____

Copyright © 2023

All rights reserved. No part of this publication may be reproduced, distributed, or transmitted in any form or by any means, including photocopying, recording, or other electronic or mechanical methods, without the prior written permission of the publisher.

Count the Different Types of Objects

Count the Different Types of Objects

Count the Different Types of Objects

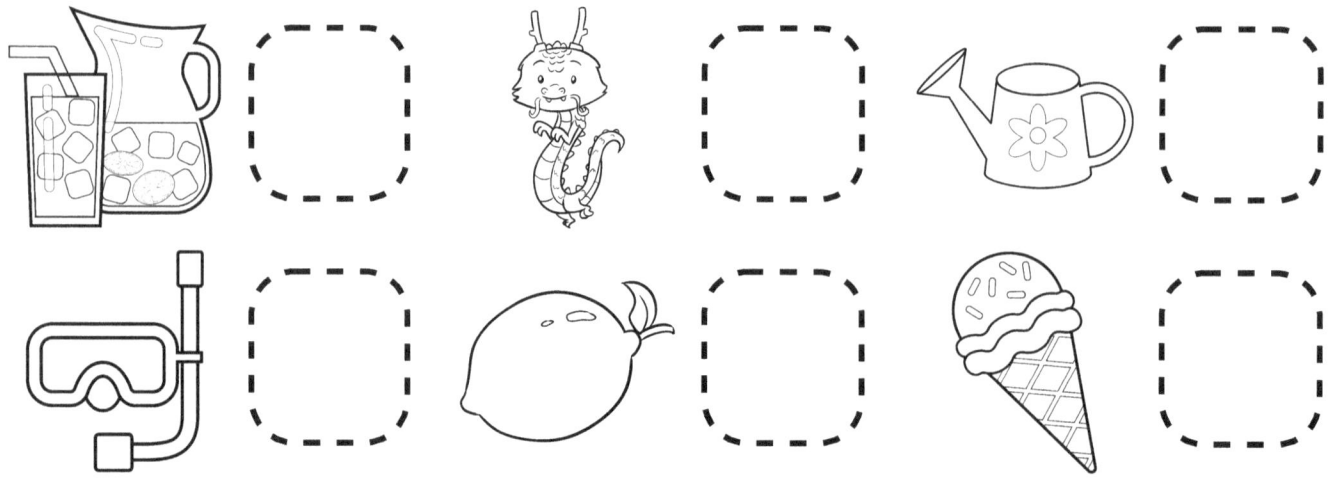

Count the Different Types of Objects

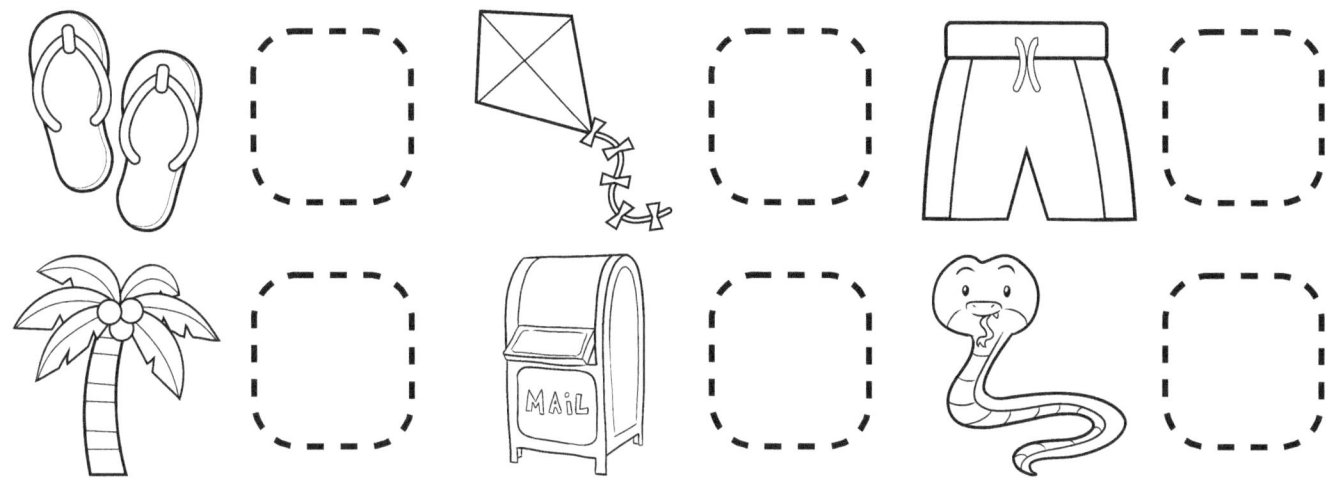

Count the Different Types of Objects

Count the Different Types of Objects

Count the Different Types of Objects

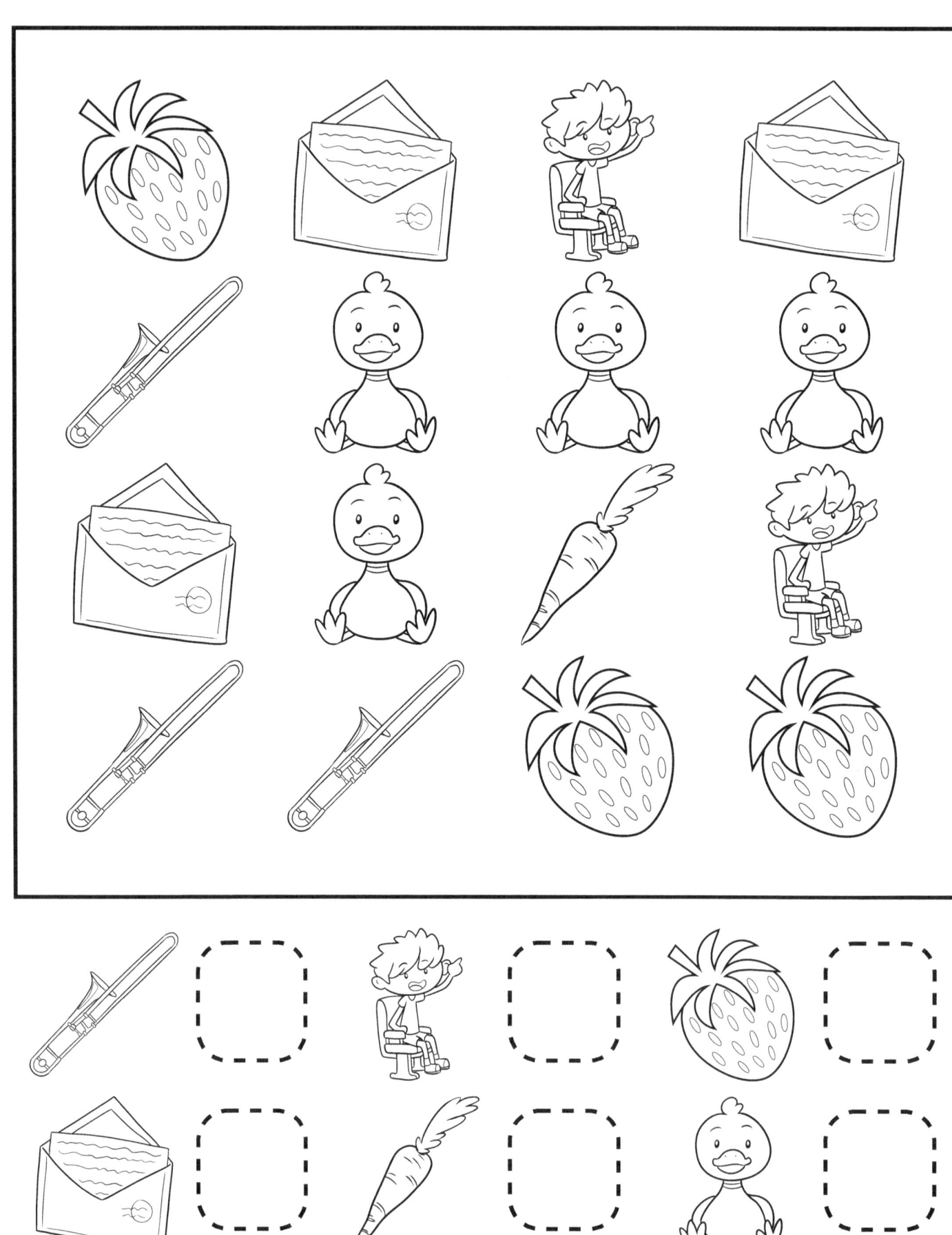

Count the Different Types of Objects

Count the Different Types of Objects

Count the Different Types of Objects

Count the Different Types of Objects

Count the Different Types of Objects

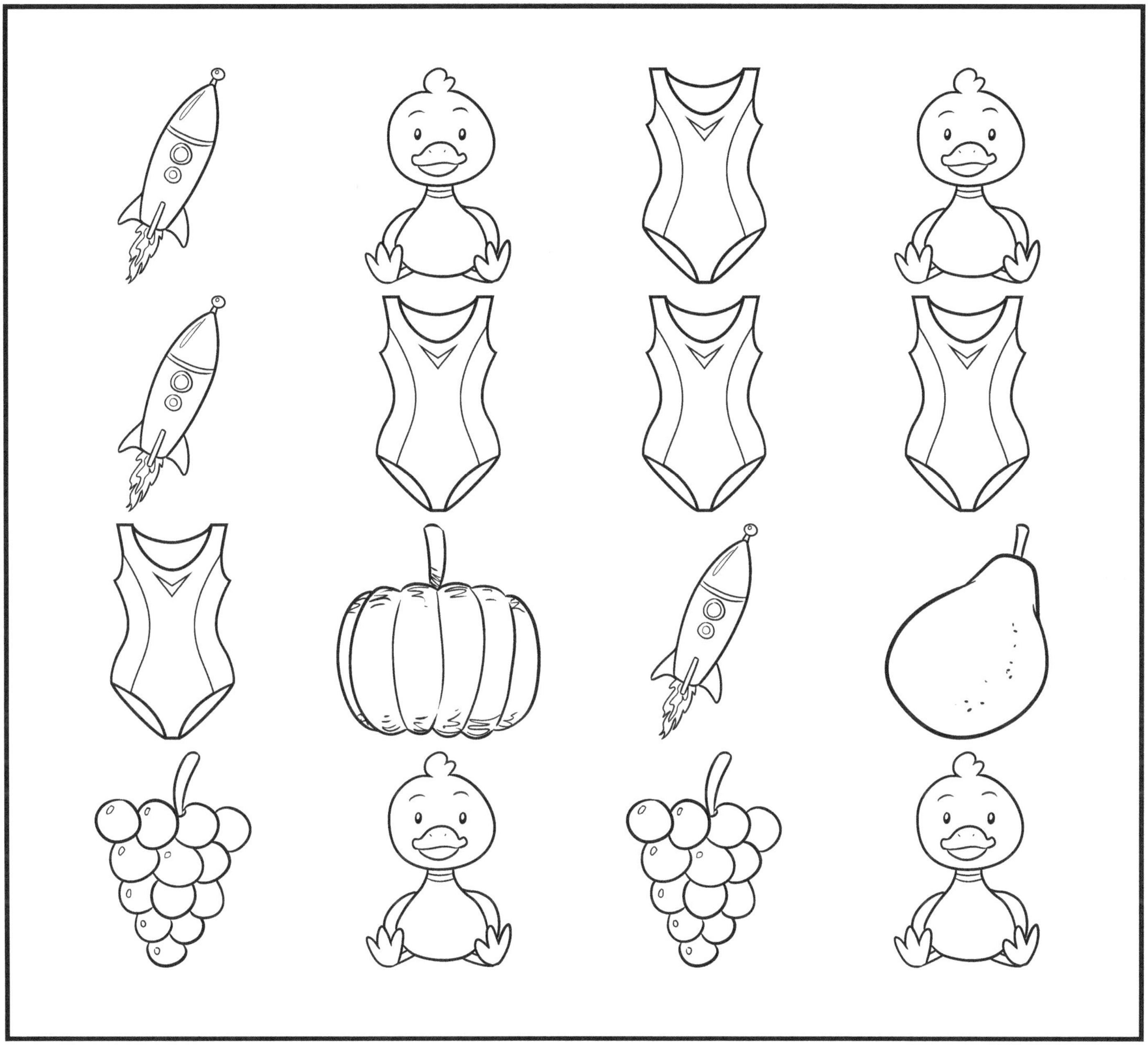

Count the Different Types of Objects

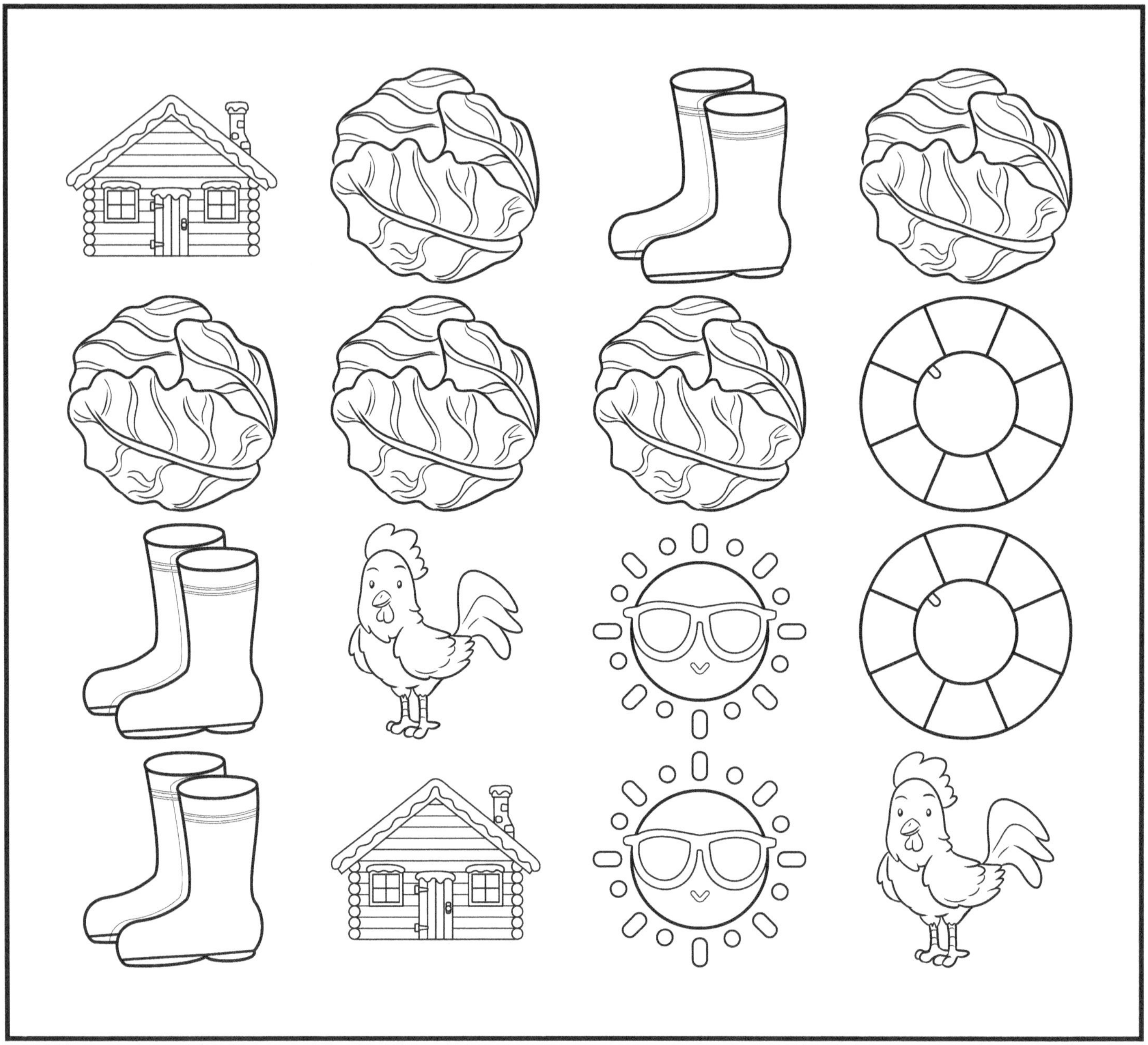

Count the Different Types of Objects

Count the Different Types of Objects

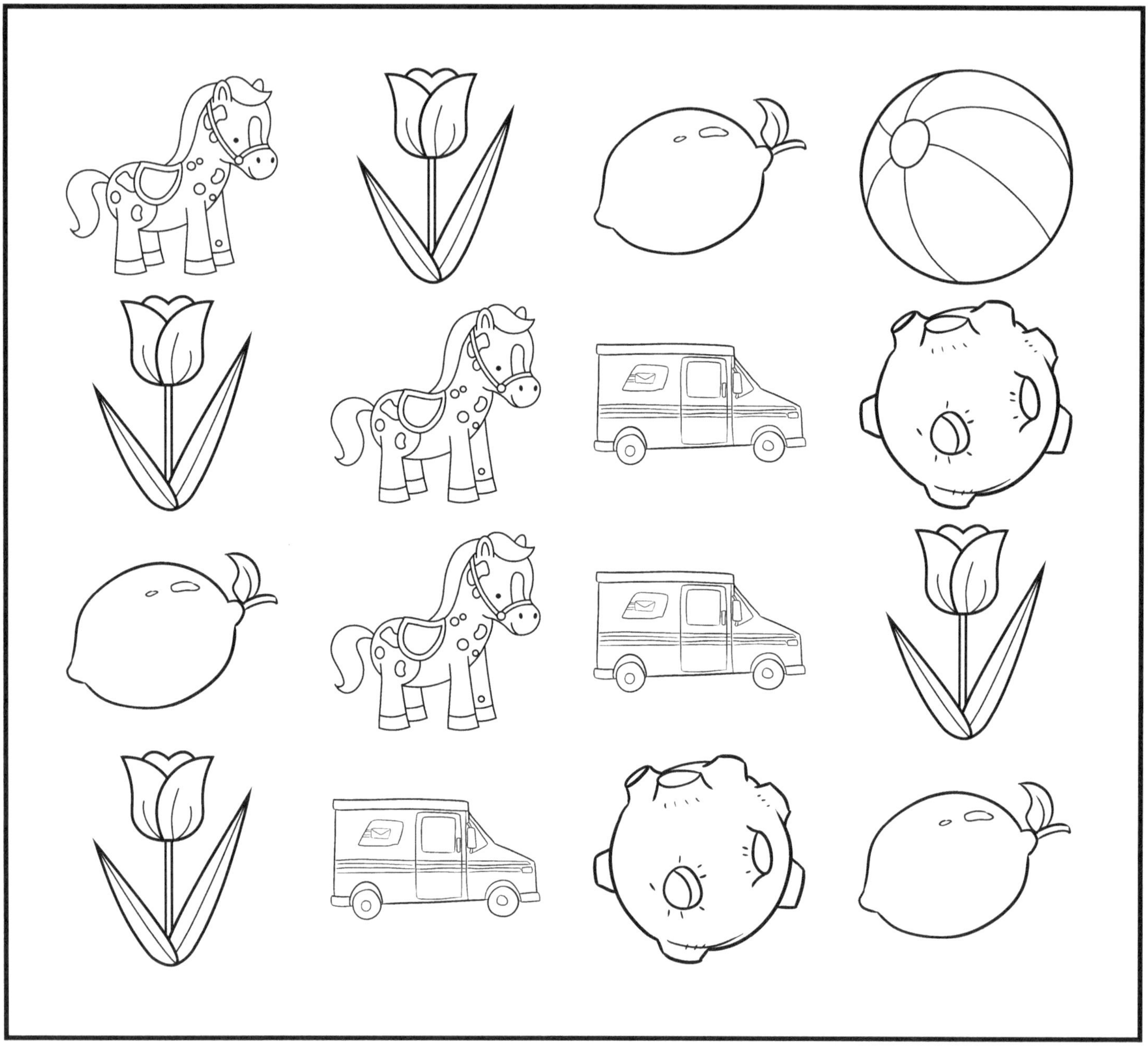

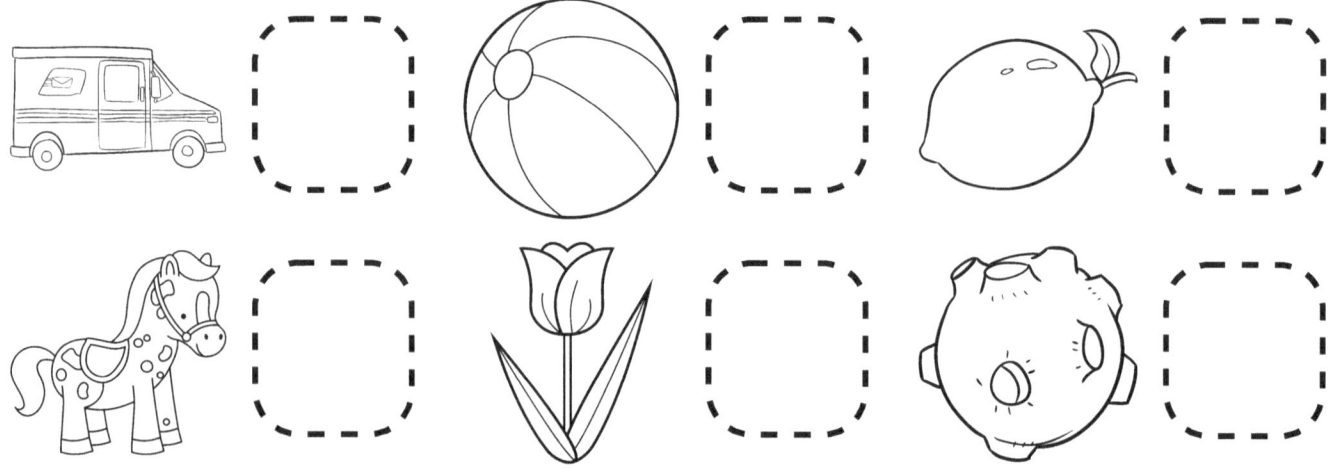

Count the Objects and Shade in the Correct Answer

1)

2)

7 8 9

3)

8 9 10

4)

8 9 10

Count the Objects and Shade in the Correct Answer

1)

Ⓐ 6   Ⓐ 7   Ⓐ 8

2)

Ⓐ 8   Ⓐ 9   Ⓐ 10

3)

Ⓐ 3   Ⓐ 4   Ⓐ 5

4)

Ⓐ 4   Ⓐ 5   Ⓐ 6

Count the Objects and Shade in the Correct Answer

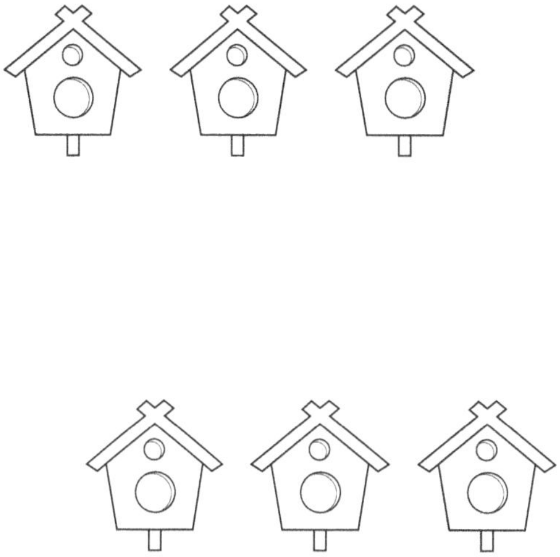

1)

2)

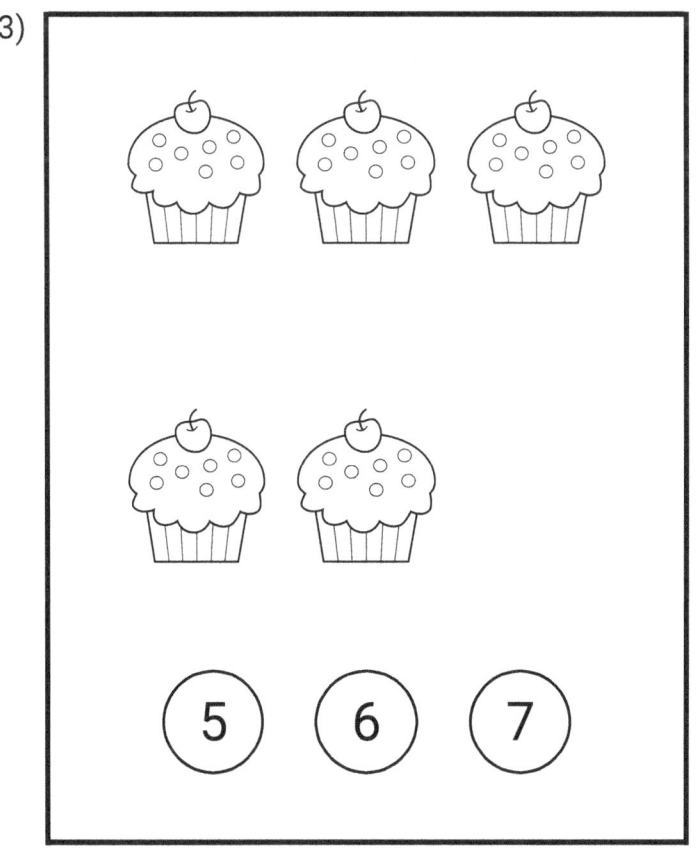

Count the Objects and Shade in the Correct Answer

1)

④ ⑤ ⑥

2)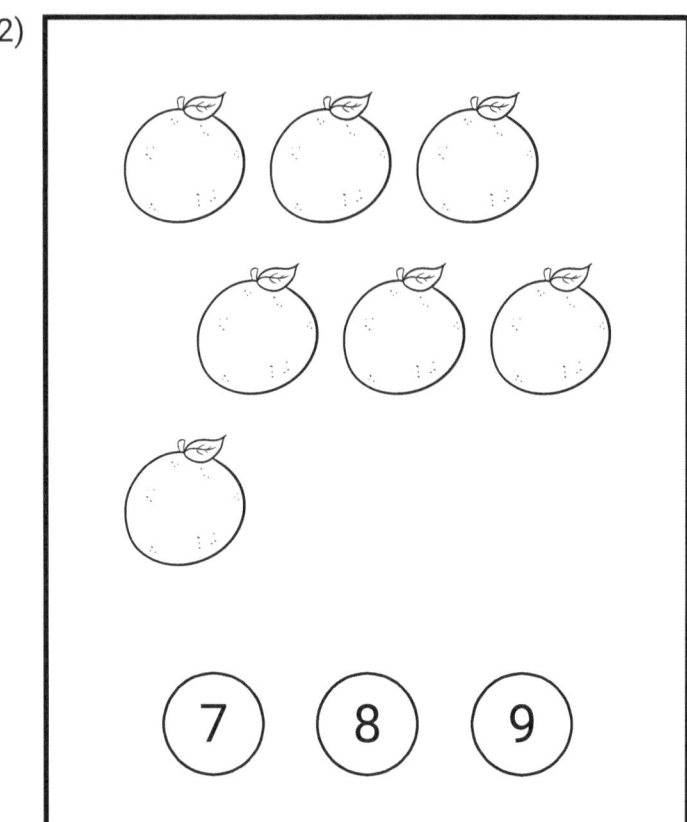

⑦ ⑧ ⑨

3)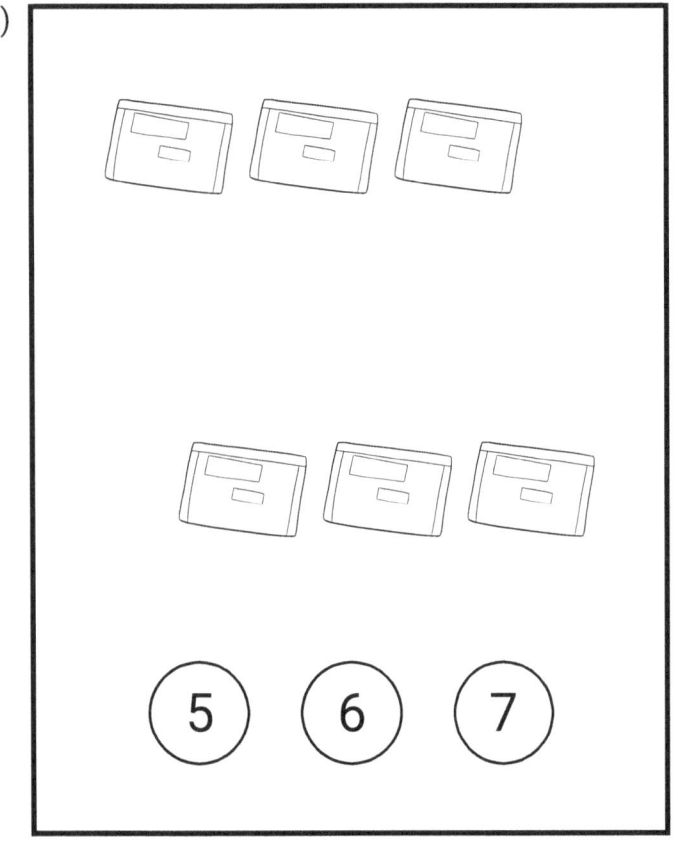

⑤ ⑥ ⑦

4)

⑧ ⑨ ⑩

Count the Objects and Shade in the Correct Answer

1)

⑦ ⑧ ⑨

2)

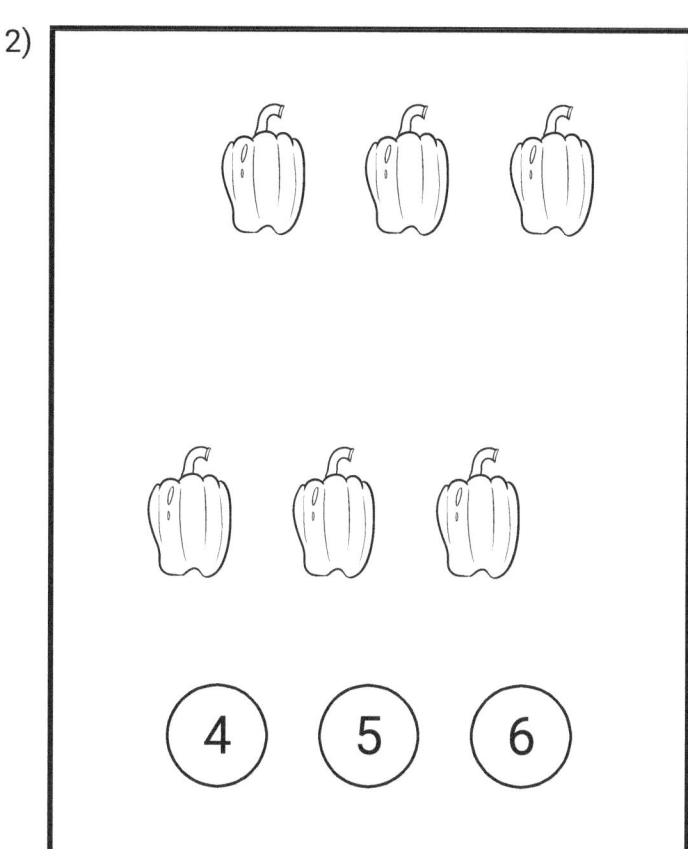

④ ⑤ ⑥

3)

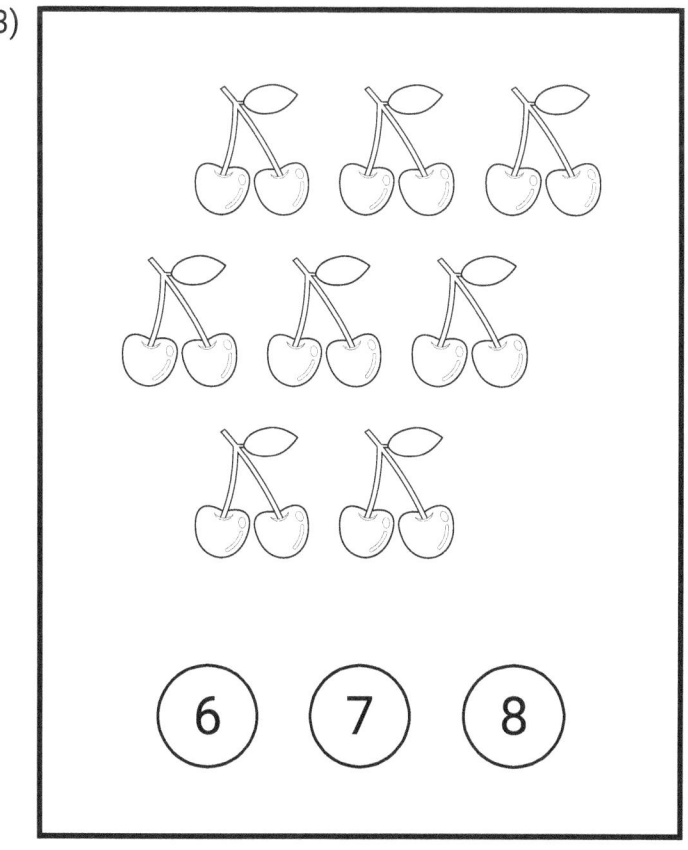

⑥ ⑦ ⑧

4)

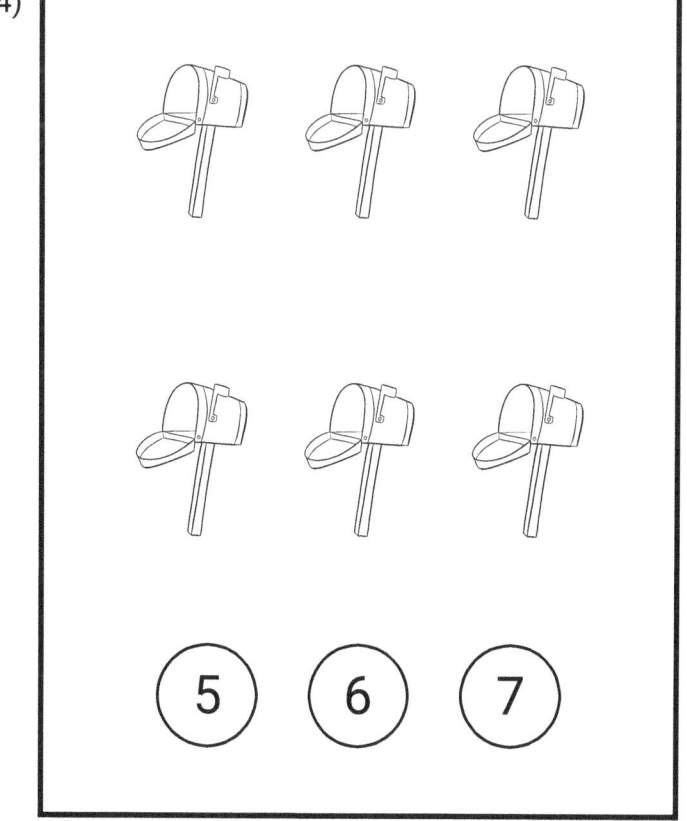

⑤ ⑥ ⑦

Count the Objects and Shade in the Correct Answer

1)

② ③ ④

2)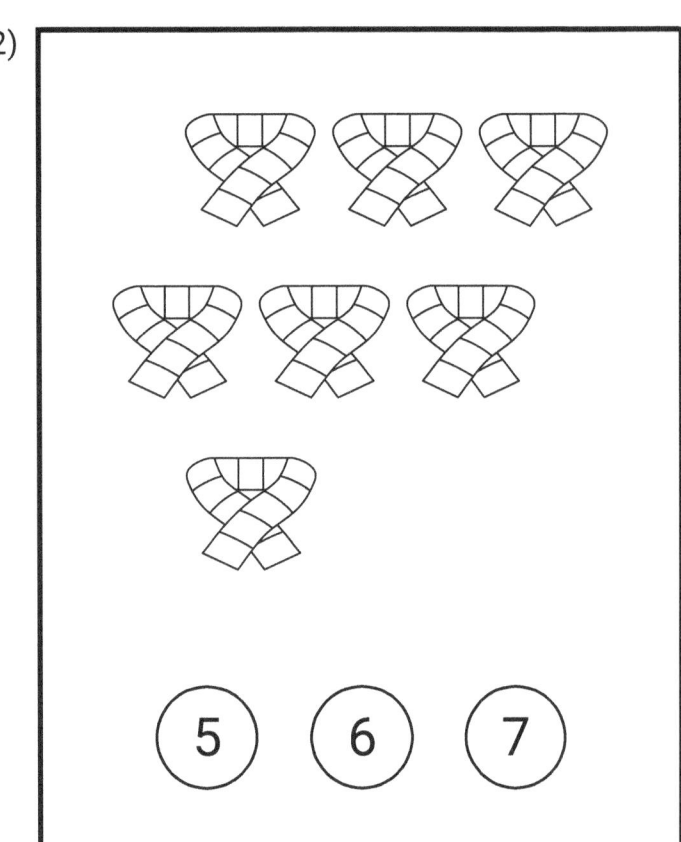

⑤ ⑥ ⑦

3)

⑧ ⑨ ⑩

4)

⑧ ⑨ ⑩

Count the Objects and Shade in the Correct Answer

1)

2)

3) 7 8 9

4) 5 6 7

Count the Objects and Shade in the Correct Answer

1)

2)

3)

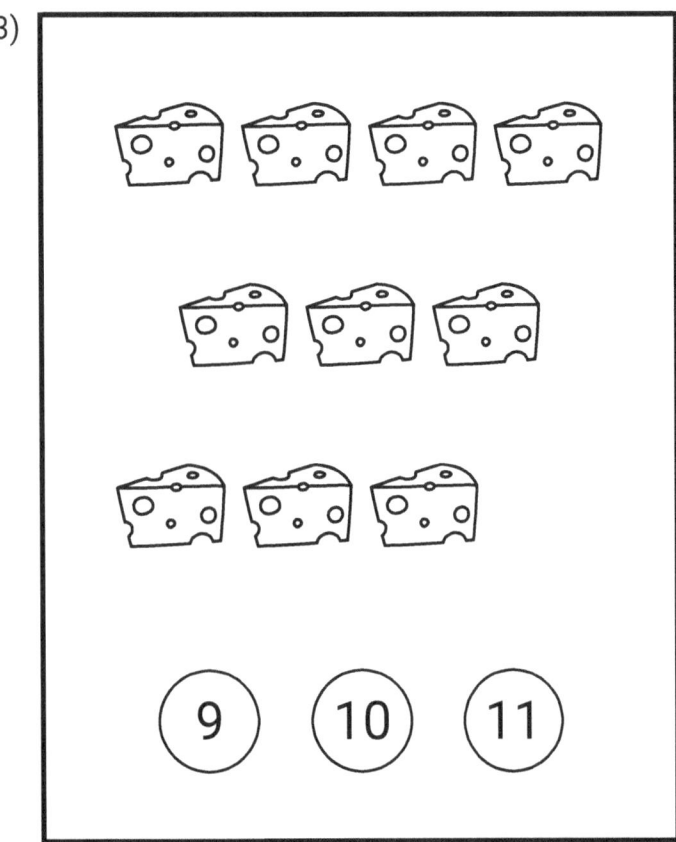

4)

Count the Objects and Shade in the Correct Answer

1)

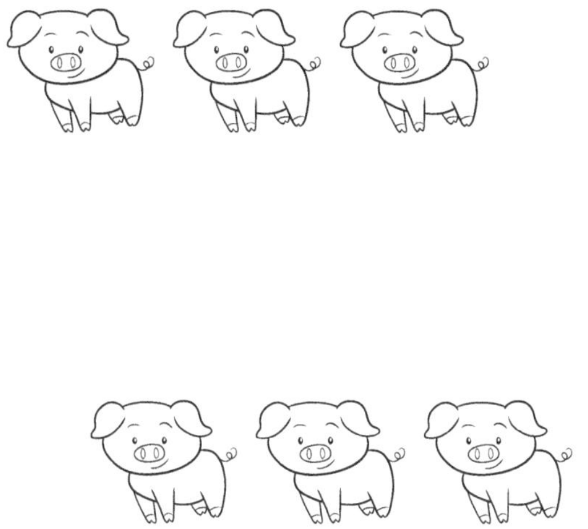

6 7 8

2)

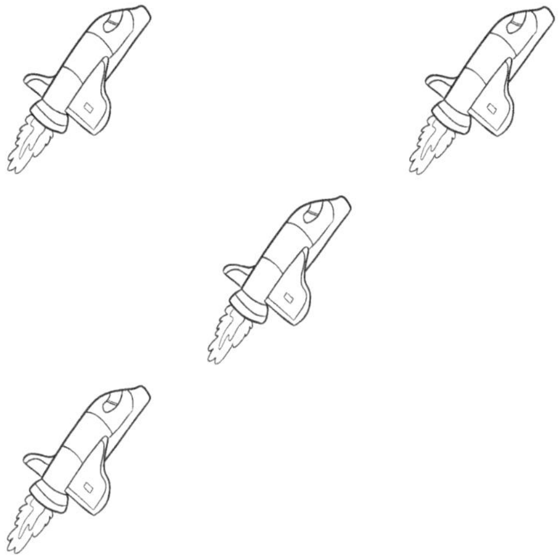

2 3 4

3)

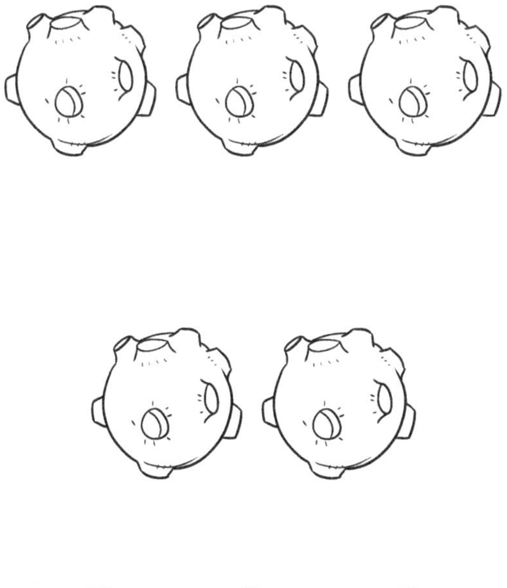

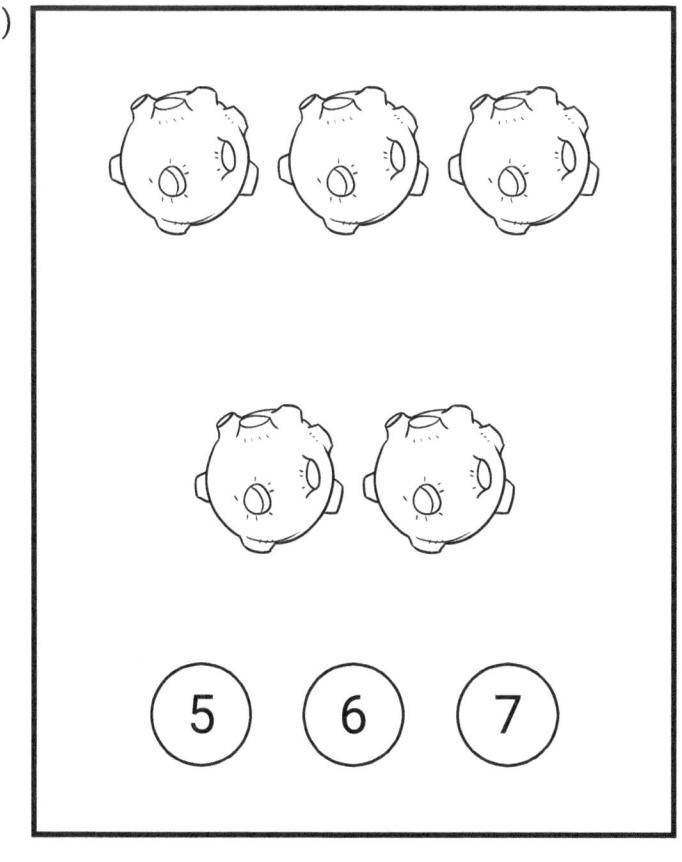

5 6 7

4)

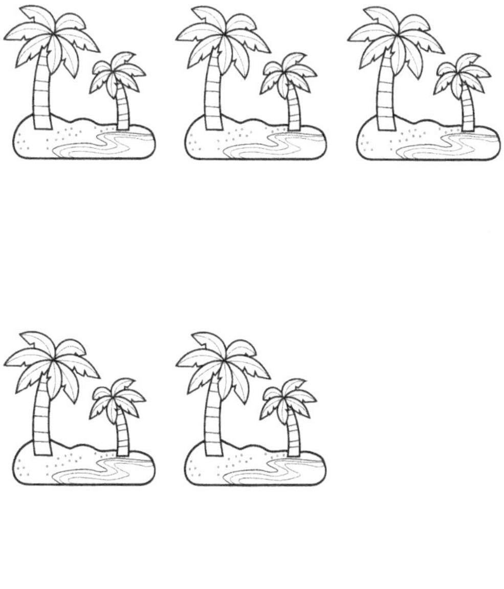

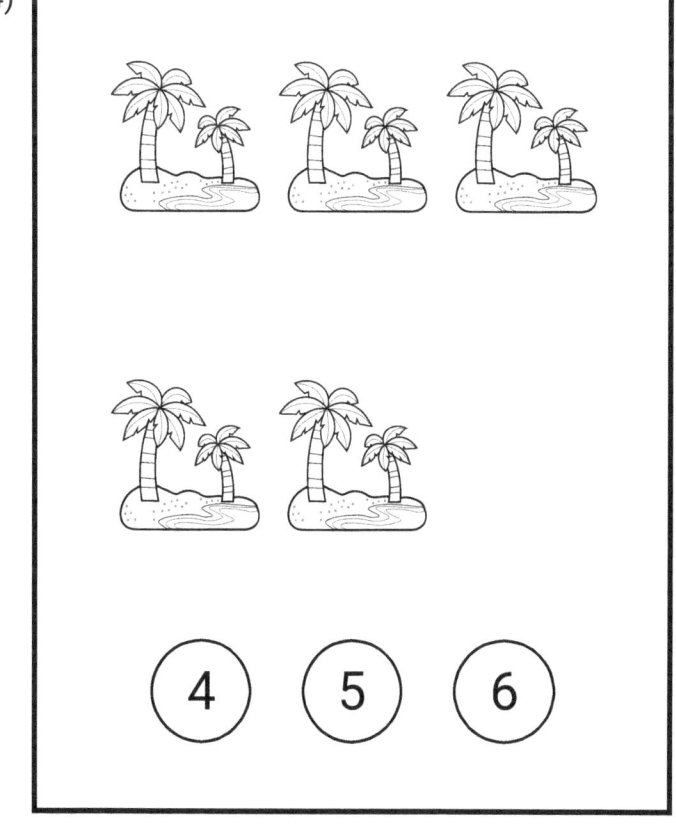

4 5 6

Count the Objects and Shade in the Correct Answer

1)

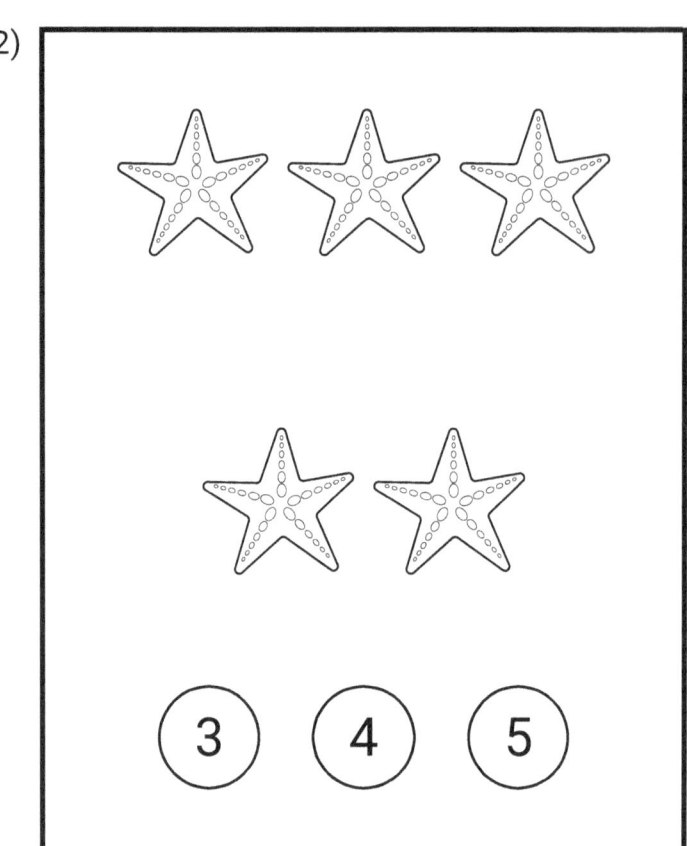

2)

3)

4)

Count the Objects and Shade in the Correct Answer

1)

2)

3)

4)

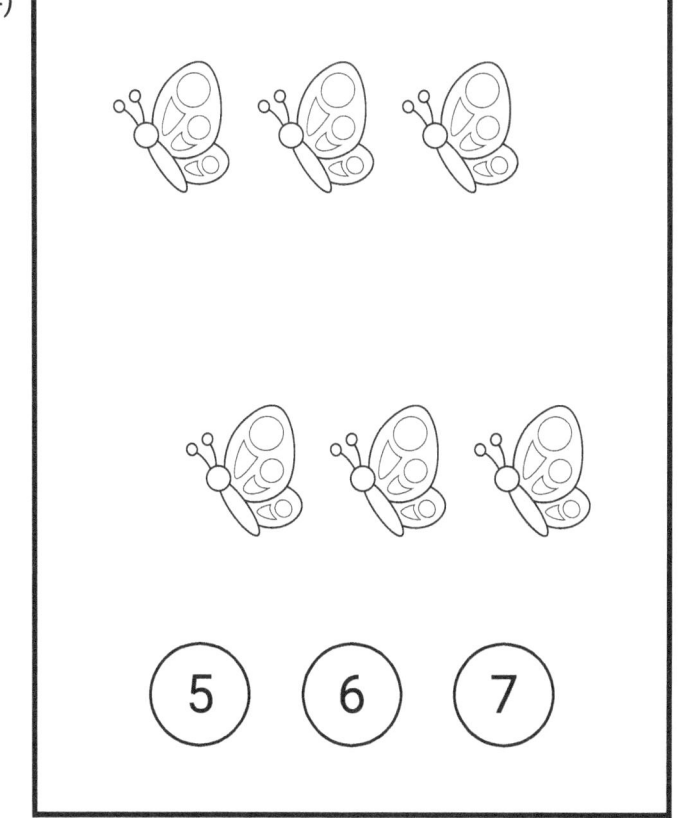

Count the Objects and Shade in the Correct Answer

1)

⑥   ⑦   ⑧

2)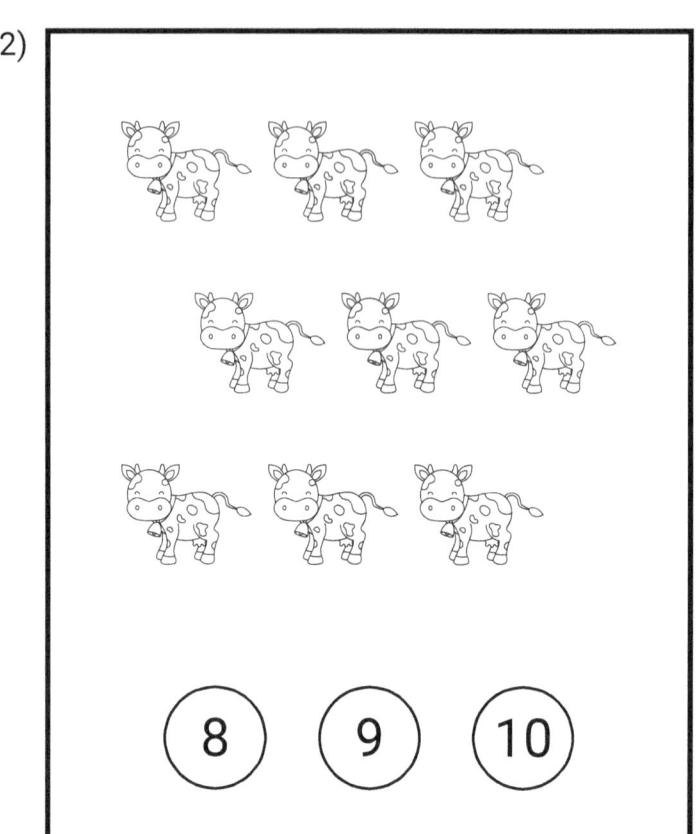

⑧   ⑨   ⑩

3)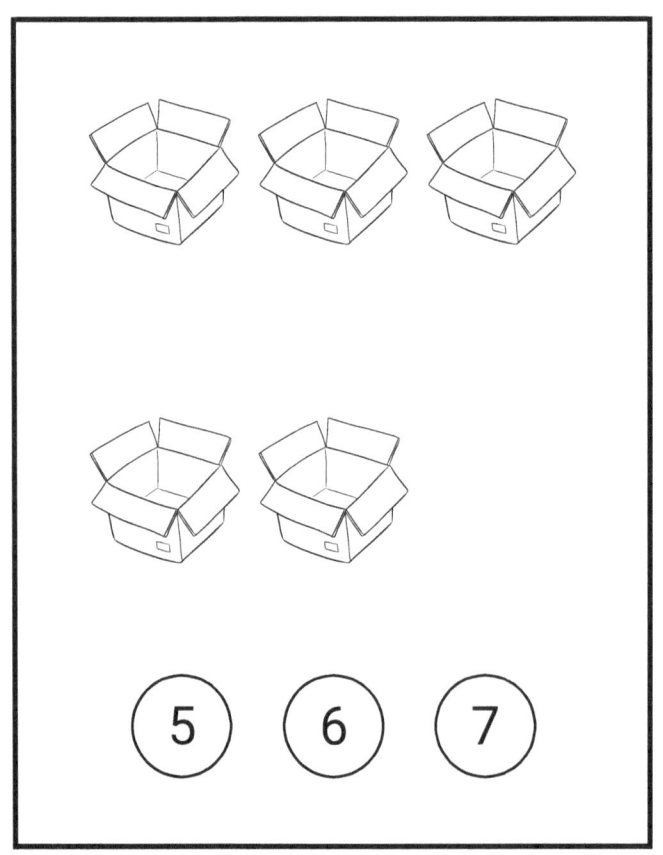

⑤   ⑥   ⑦

4)

④   ⑤   ⑥

Count the Objects and Shade in the Correct Answer

1)

Ⓐ 4   Ⓑ 5   Ⓒ 6

2)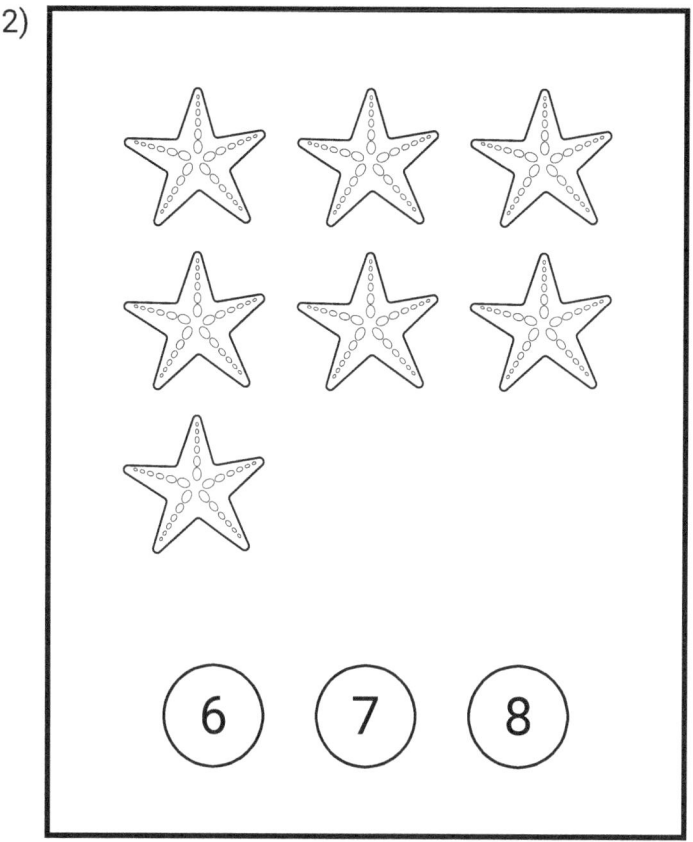

Ⓐ 6   Ⓑ 7   Ⓒ 8

3)

Ⓐ 7   Ⓑ 8   Ⓒ 9

4)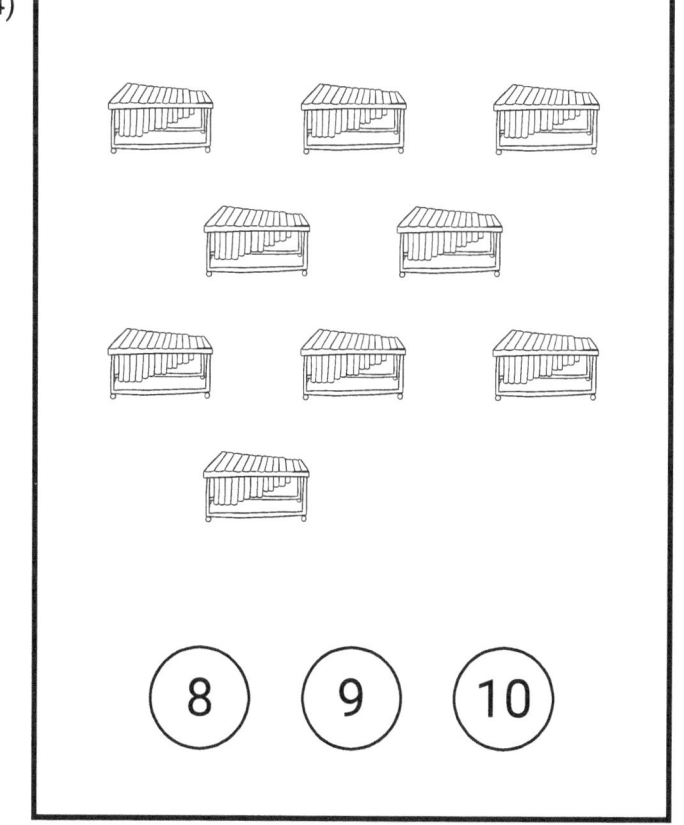

Ⓐ 8   Ⓑ 9   Ⓒ 10

Count the Objects and Shade in the Correct Answer

1)

8   9   10

2)

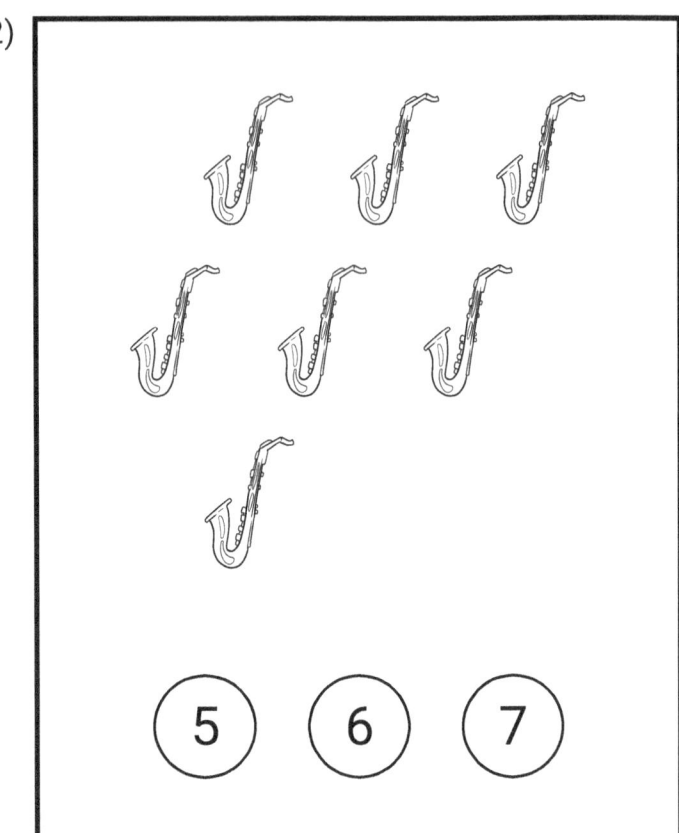

5   6   7

3)

4   5   6

4)

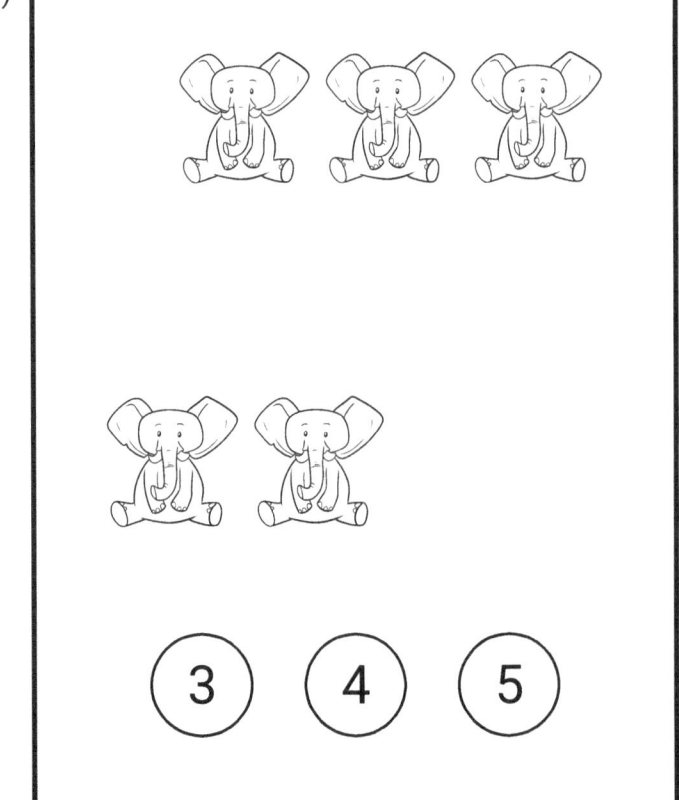

3   4   5

Count the Objects and Shade in the Correct Answer

1) Caps — 4 5 6

2)
Umbrellas — 2 3 4

3)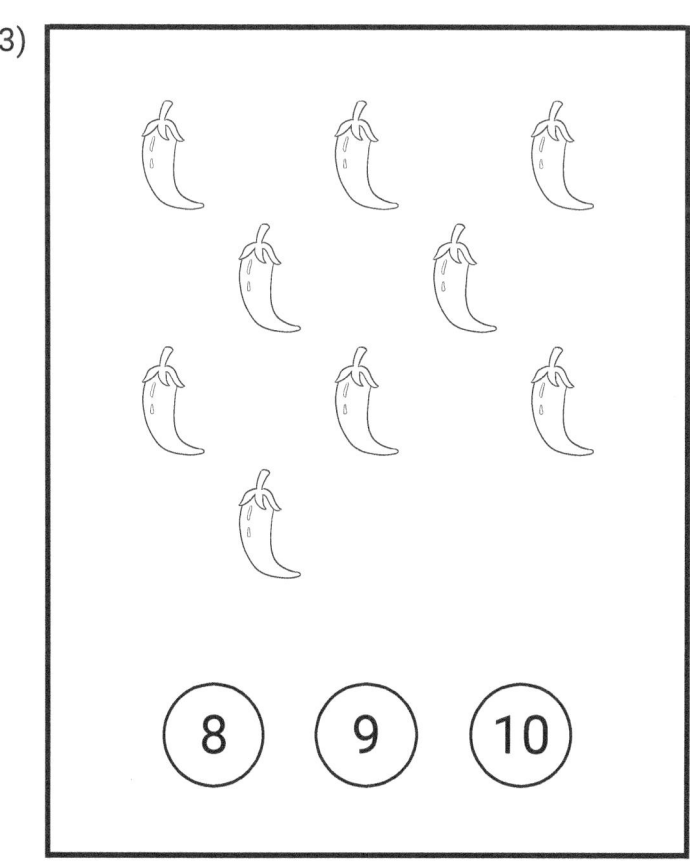
Chillies — 8 9 10

4)
Drinks — 9 10 11

Count the Objects and Circle the Correct Number

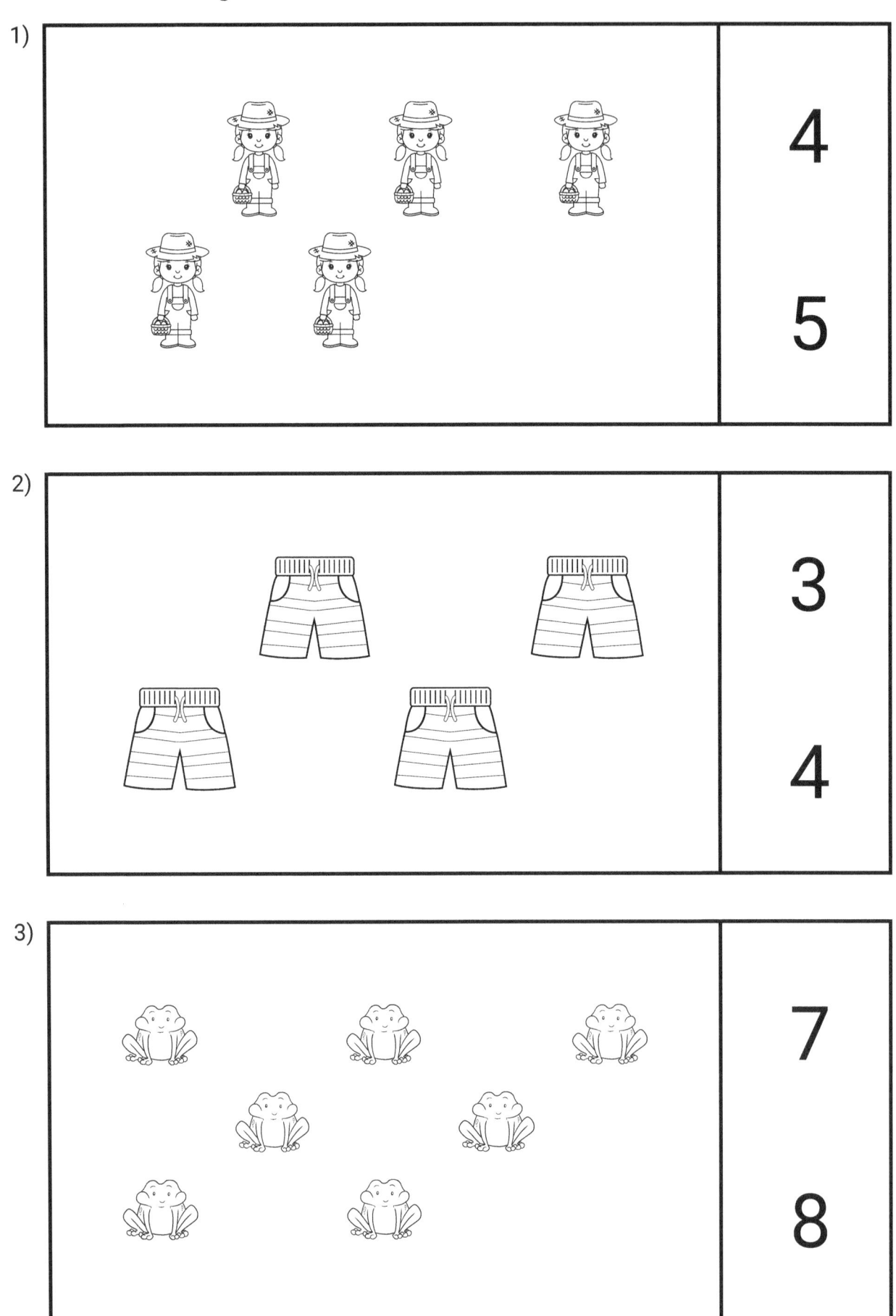

Count the Objects and Circle the Correct Number

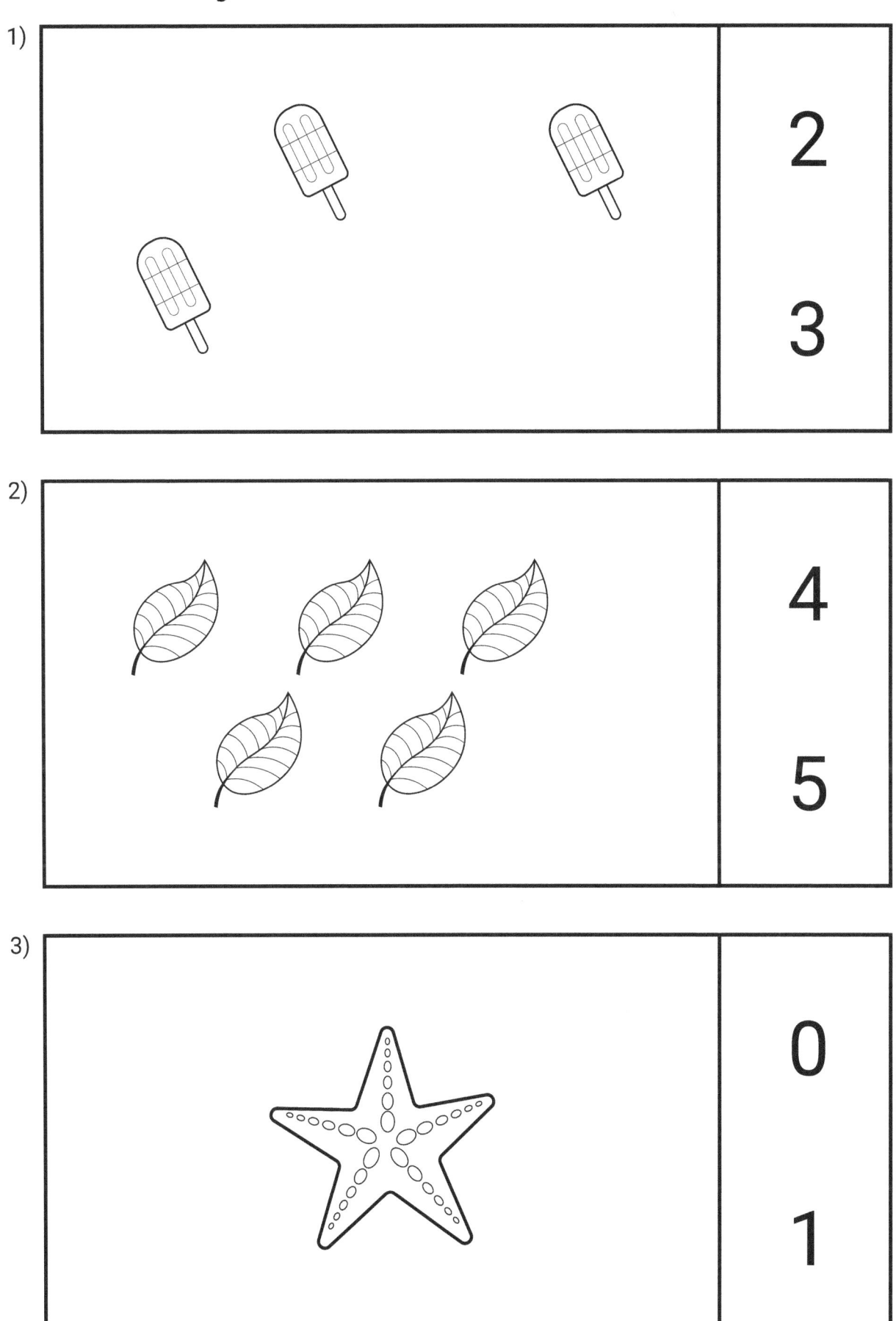

Count the Objects and Circle the Correct Number

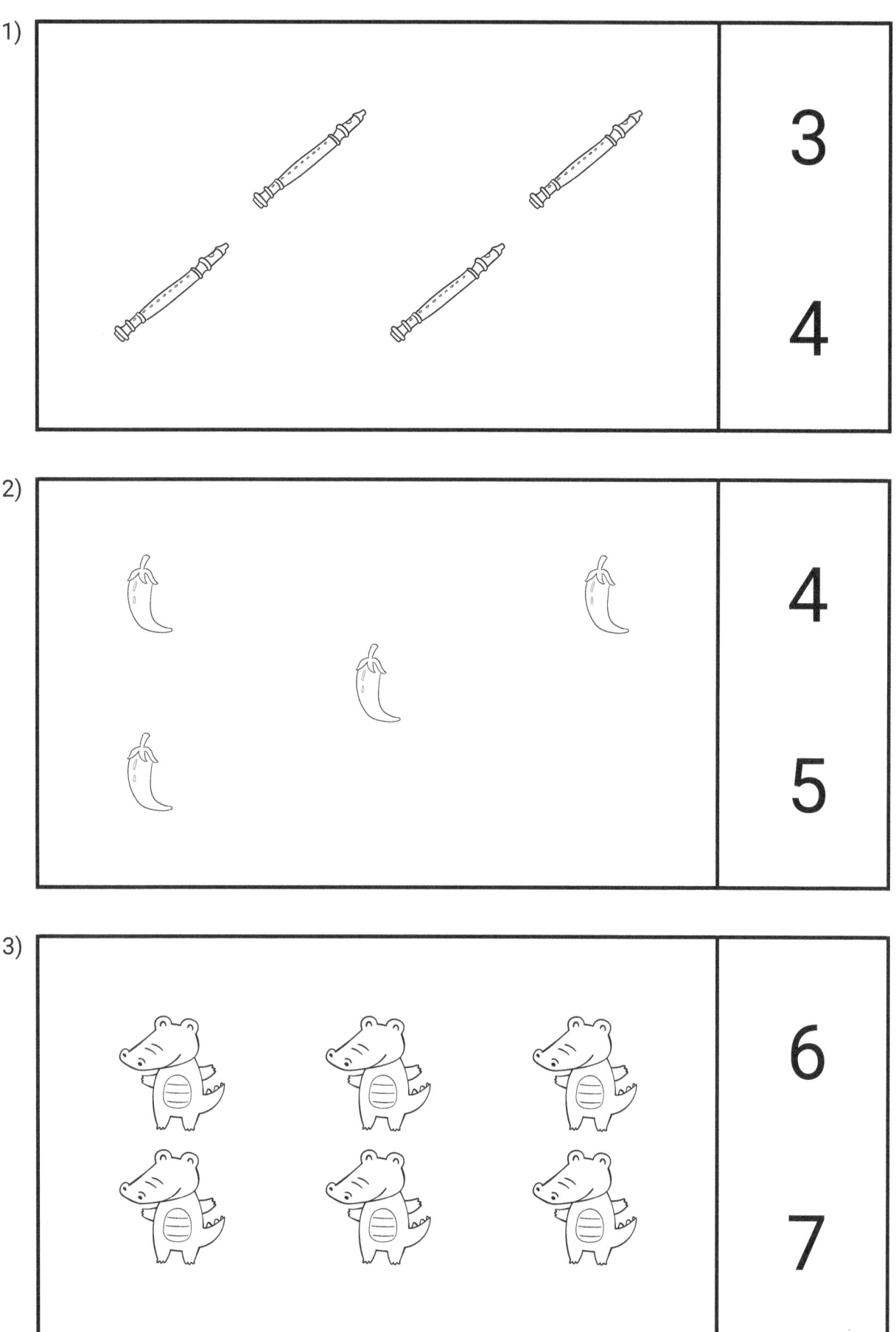

Count the Objects and Circle the Correct Number

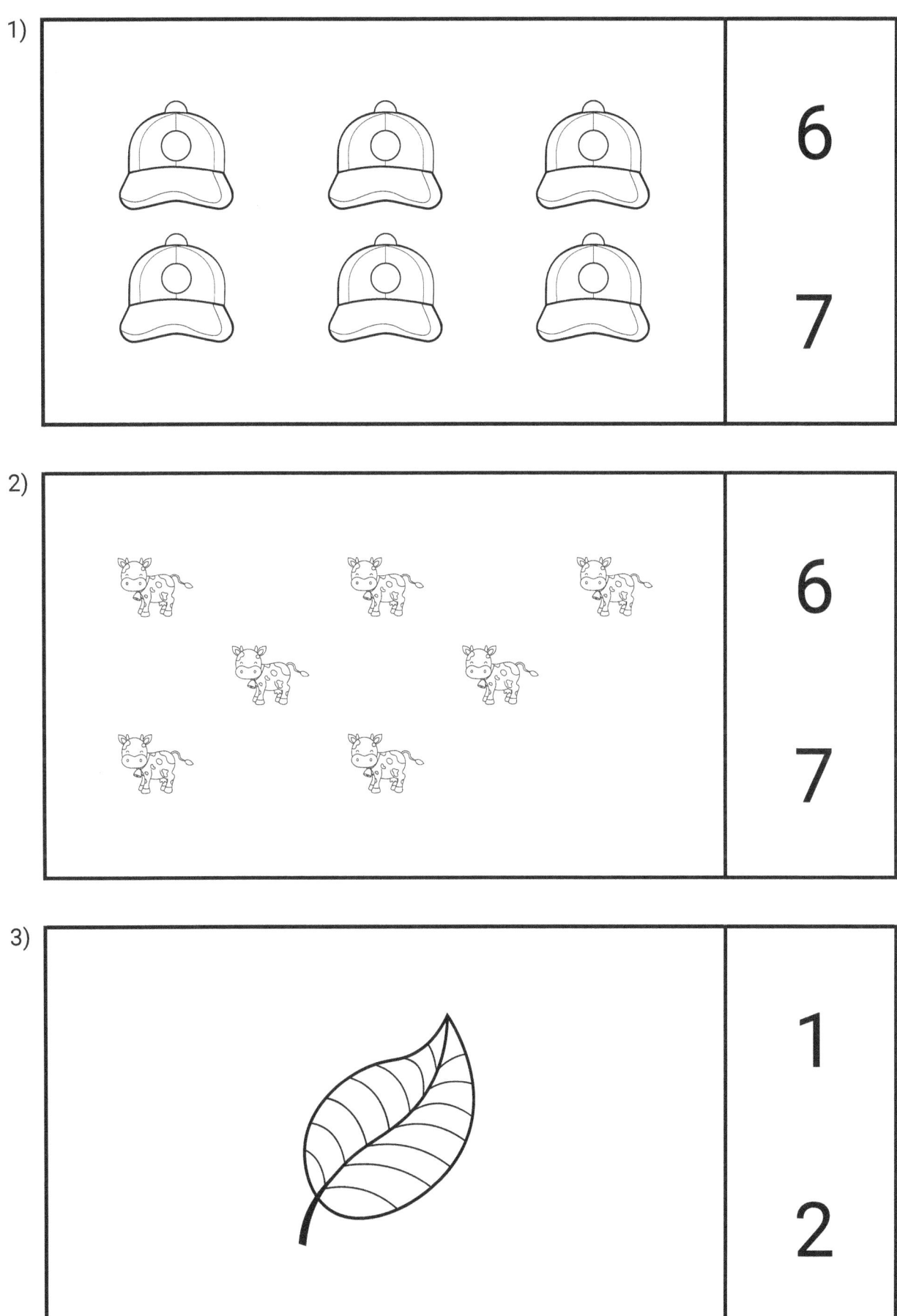

Count the Objects and Circle the Correct Number

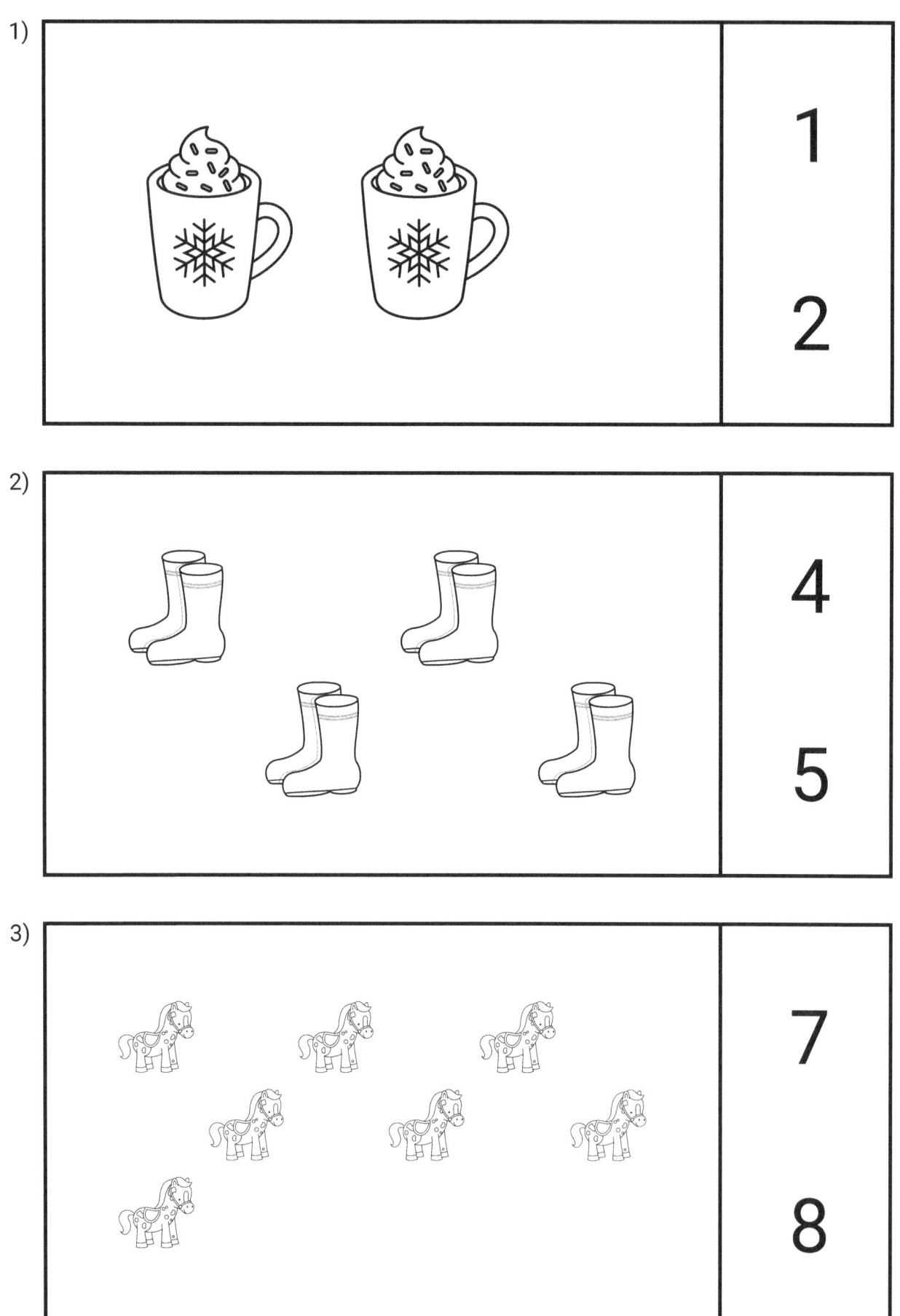

Count the Objects and Circle the Correct Number

1) 9 / 10

2) 4 / 5

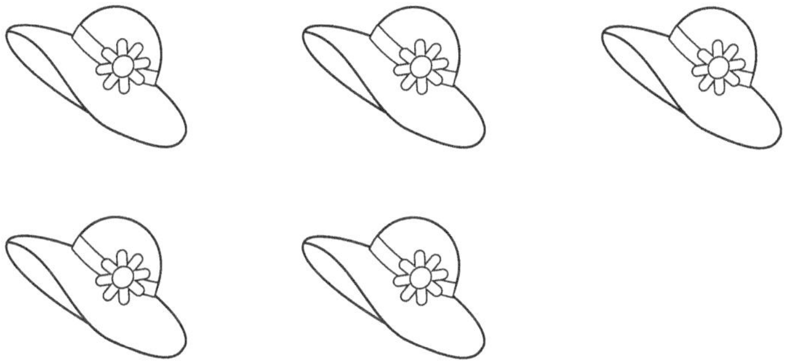

3) 7 / 8

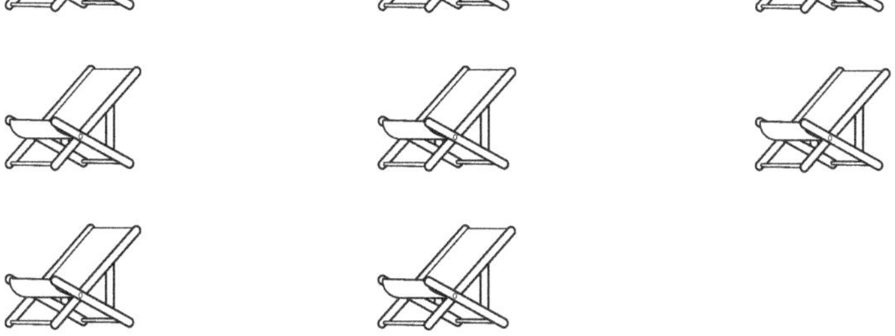

Count the Objects and Circle the Correct Number

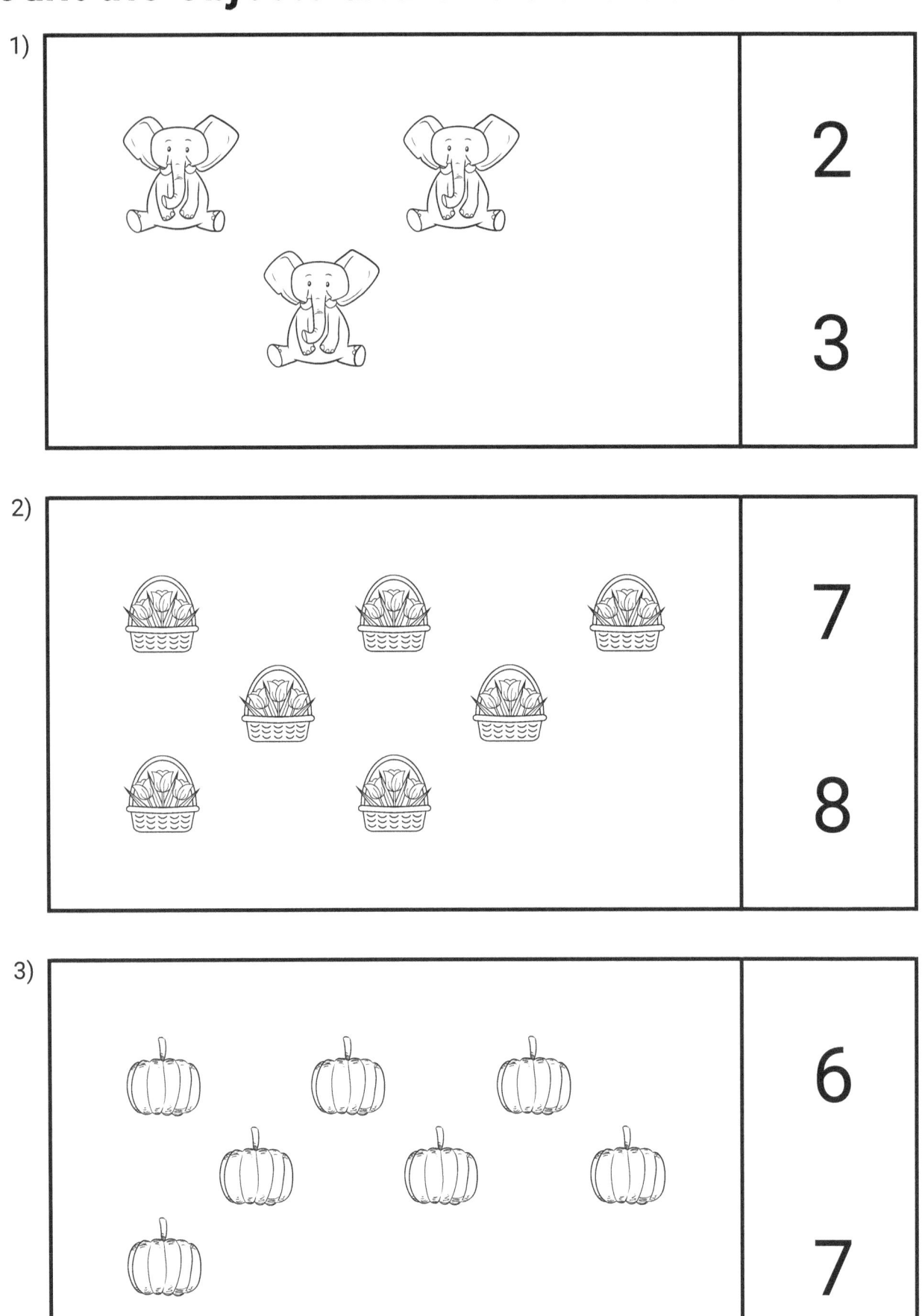

Count the Objects and Circle the Correct Number

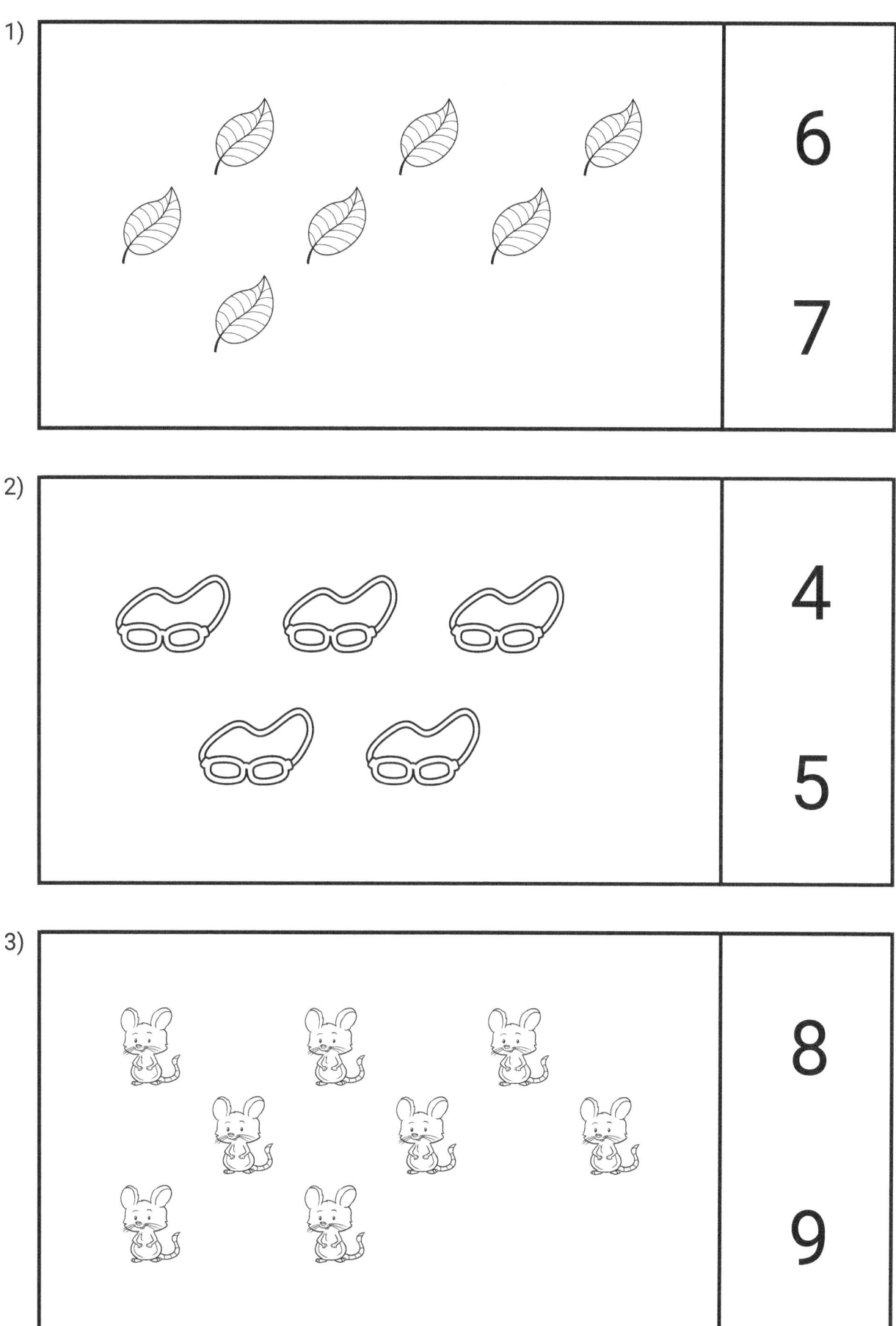

Count the Objects and Circle the Correct Number

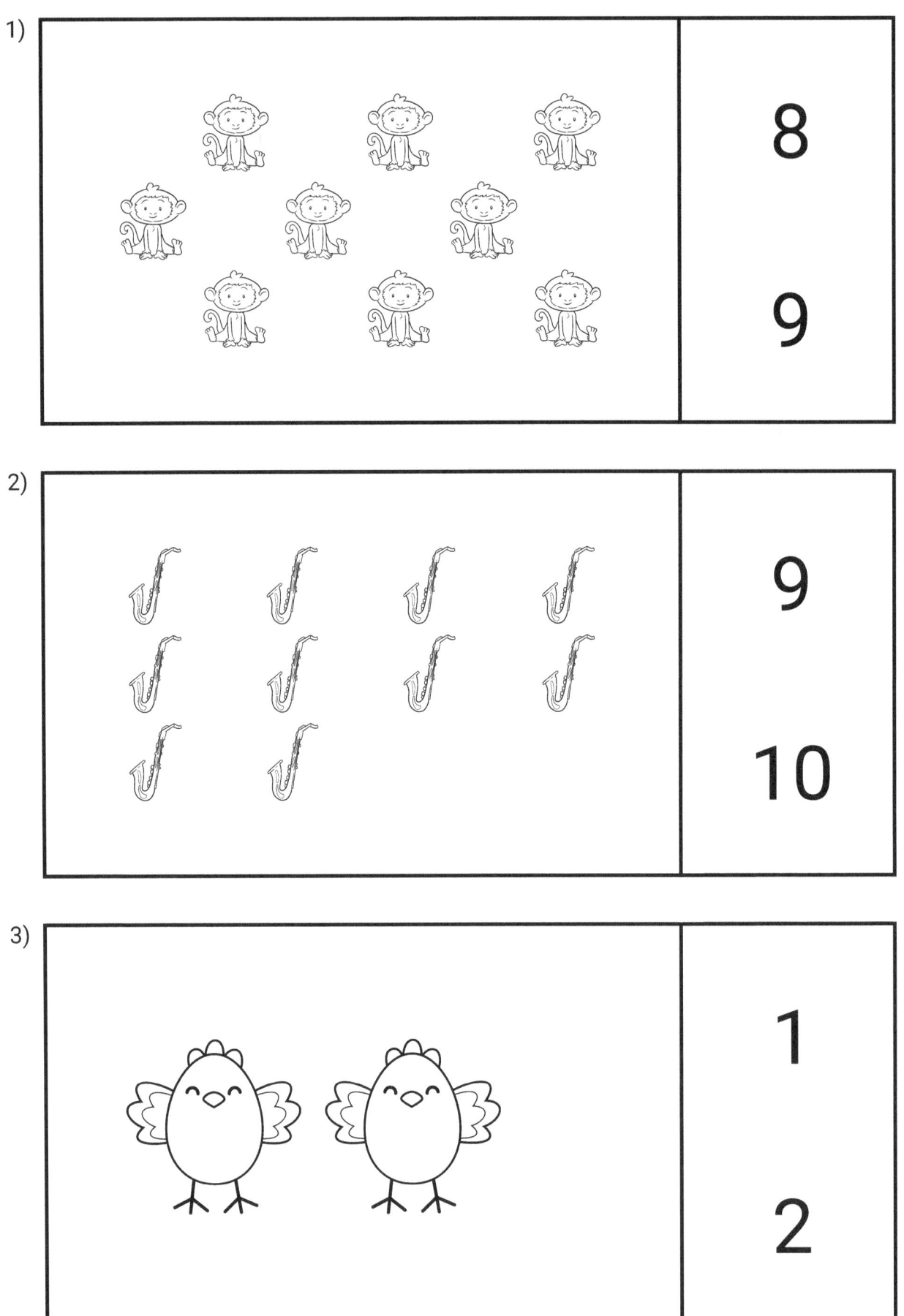

Count the Objects and Circle the Correct Number

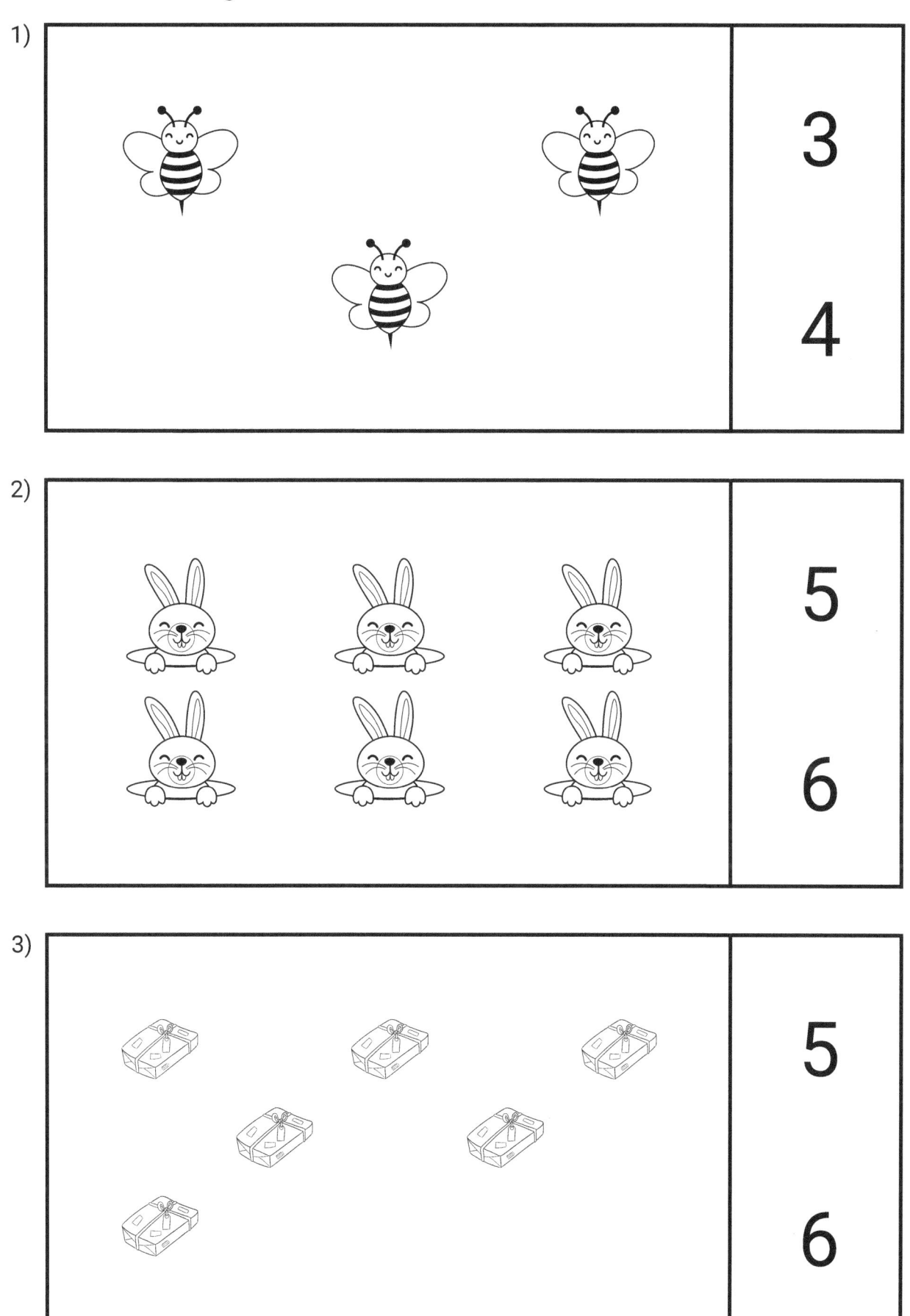

Count the Objects and Circle the Correct Number

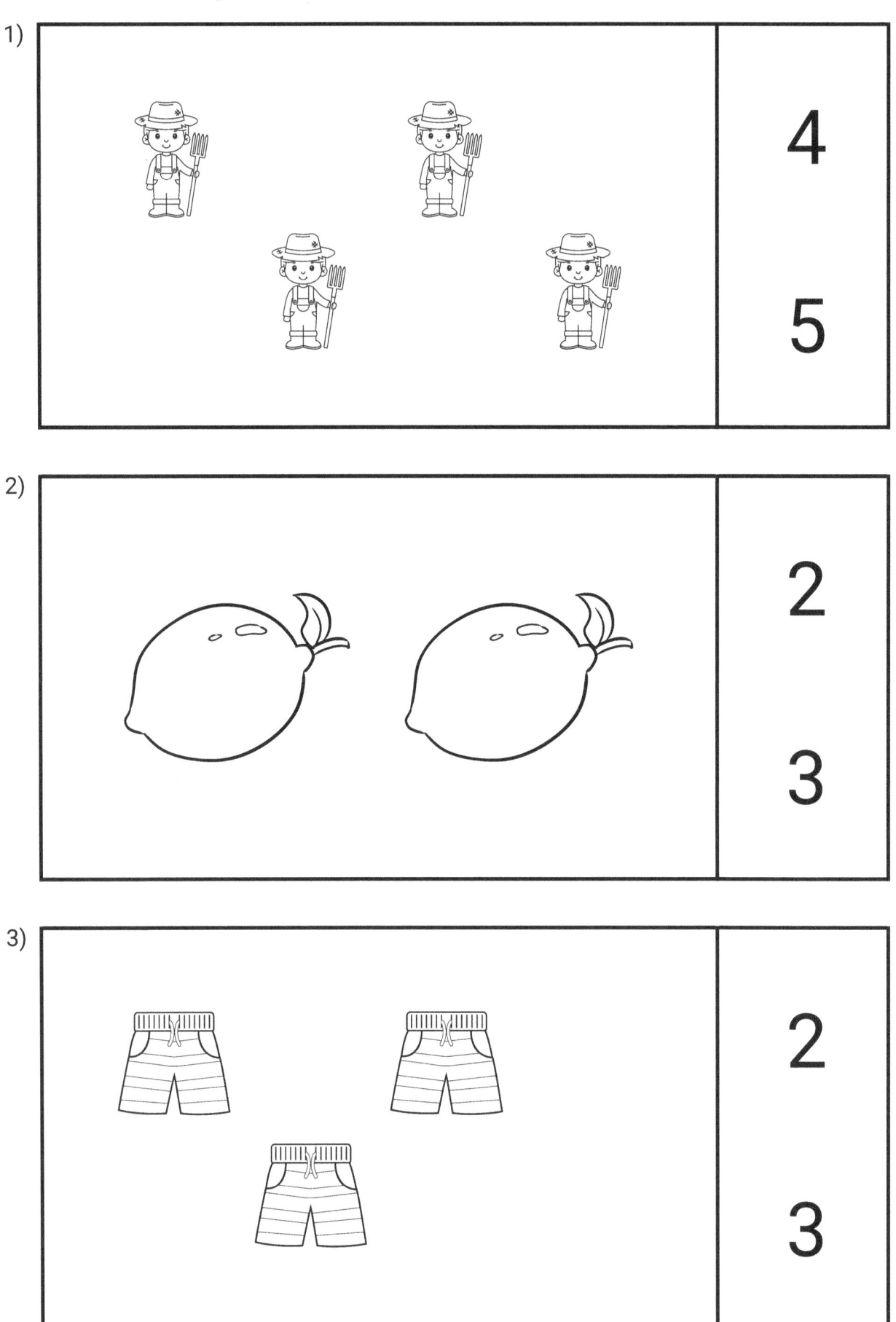

Count the Objects and Circle the Correct Number

Count the Objects and Circle the Correct Number

Count the Objects and Circle the Correct Number

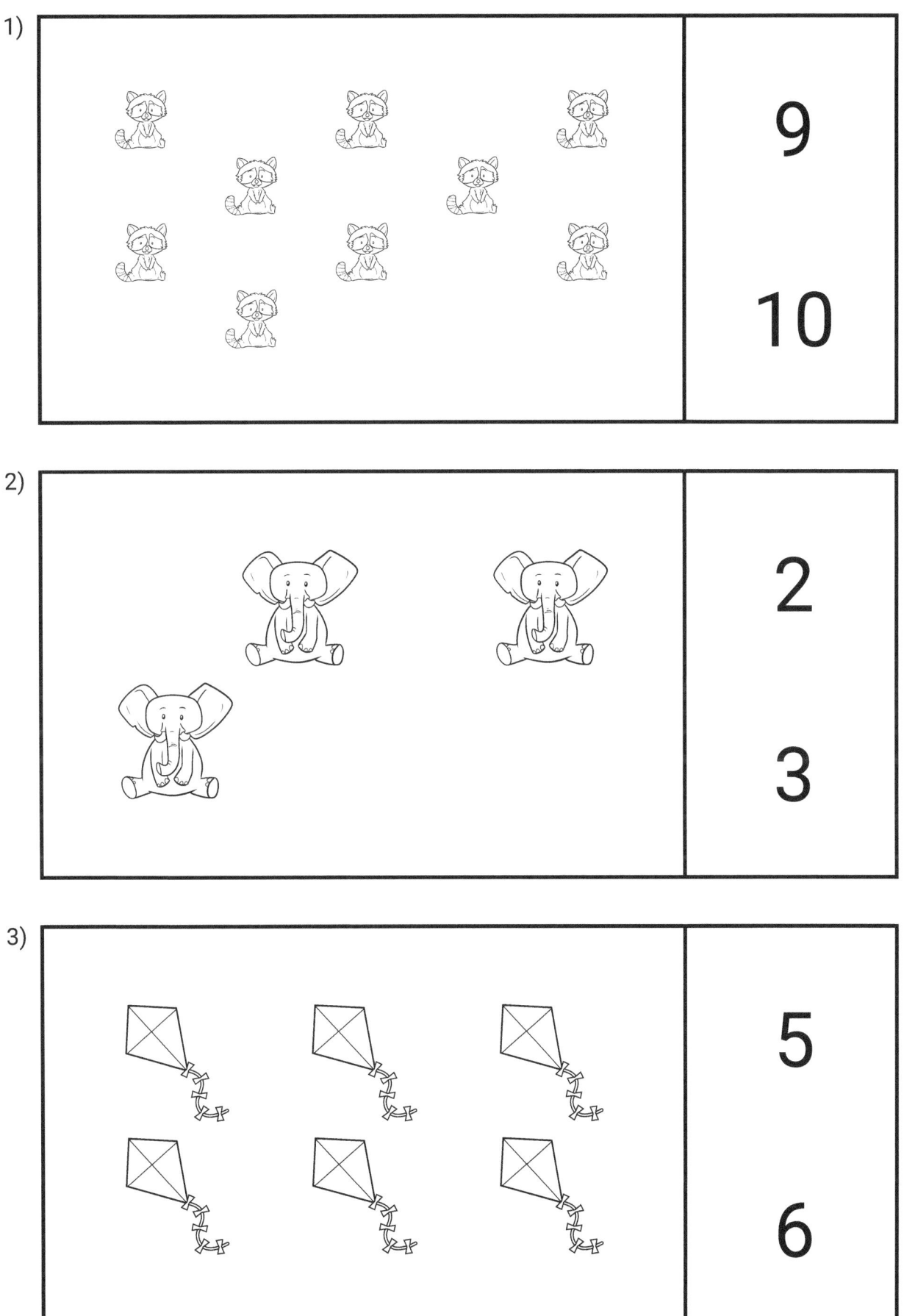

Count the Objects and Circle the Correct Number

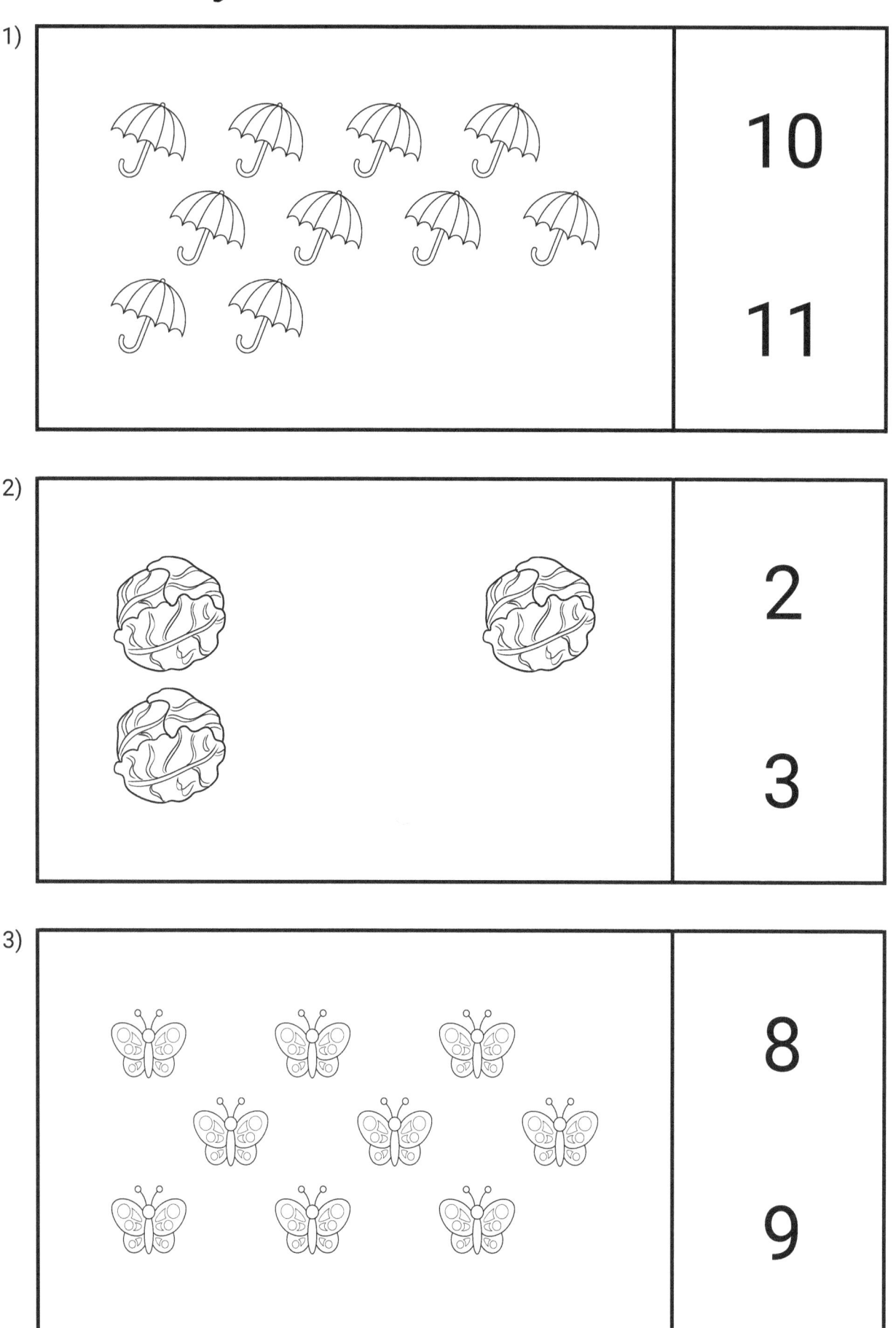

Count the Number of Objects

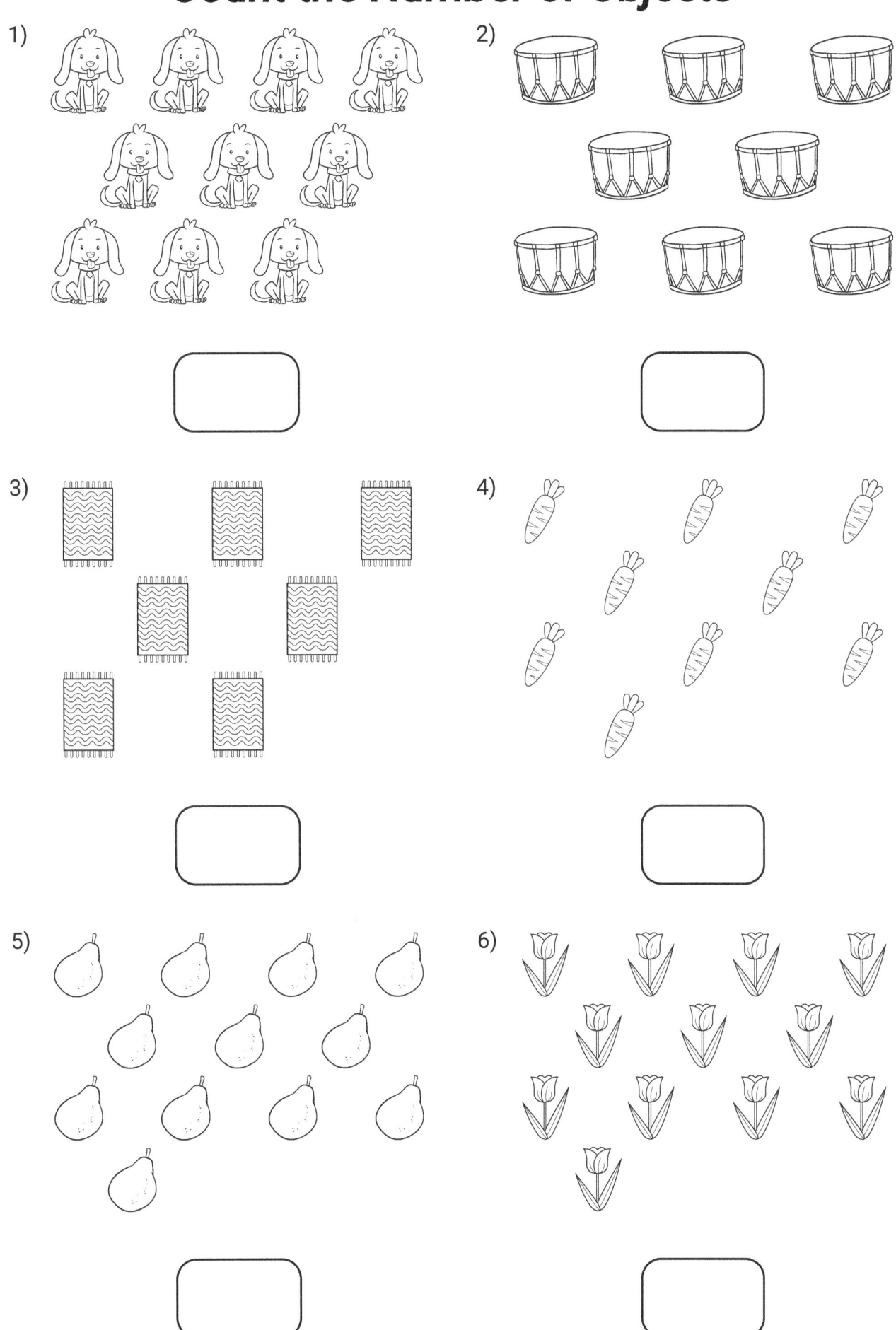

Count the Number of Objects

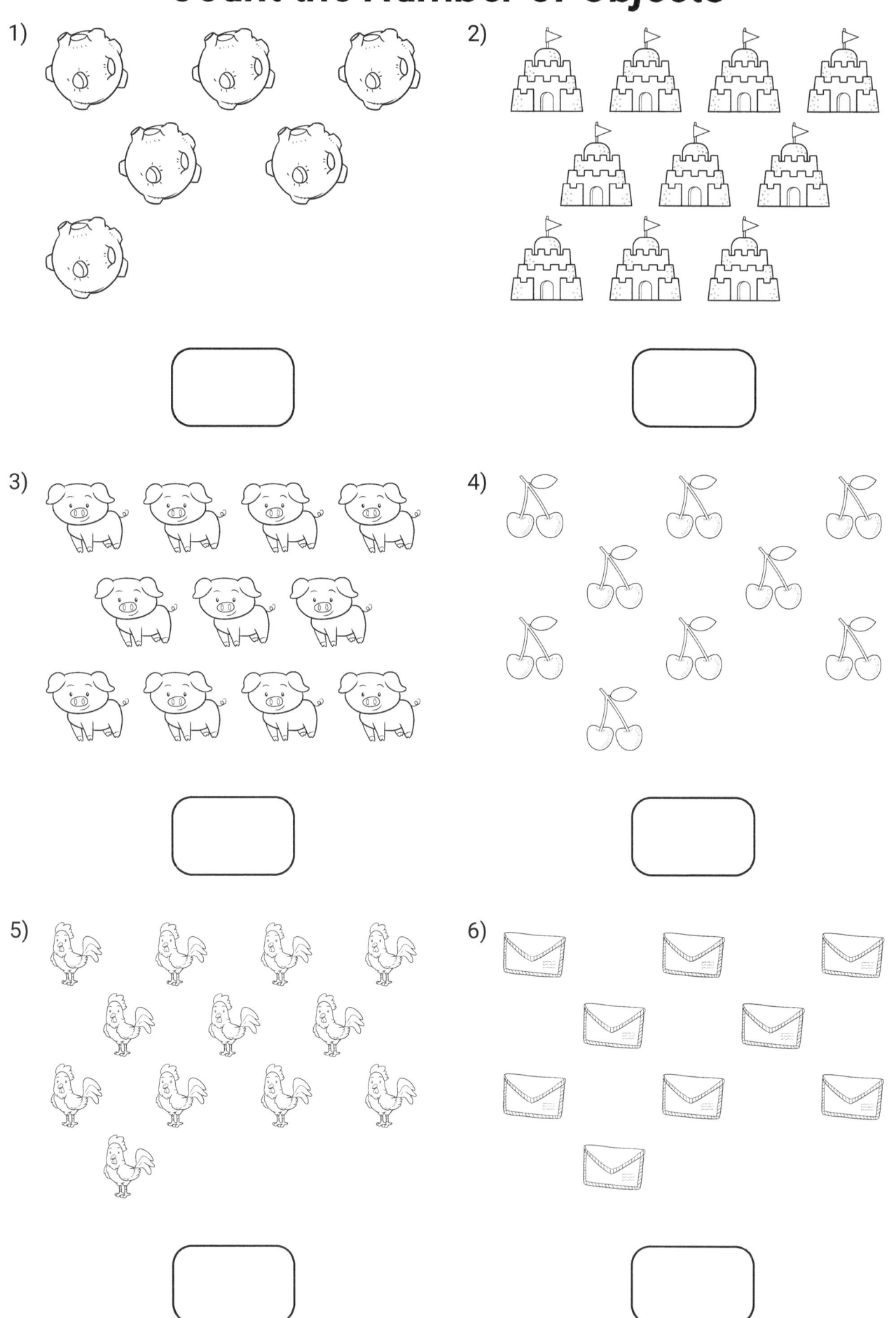

Count the Number of Objects

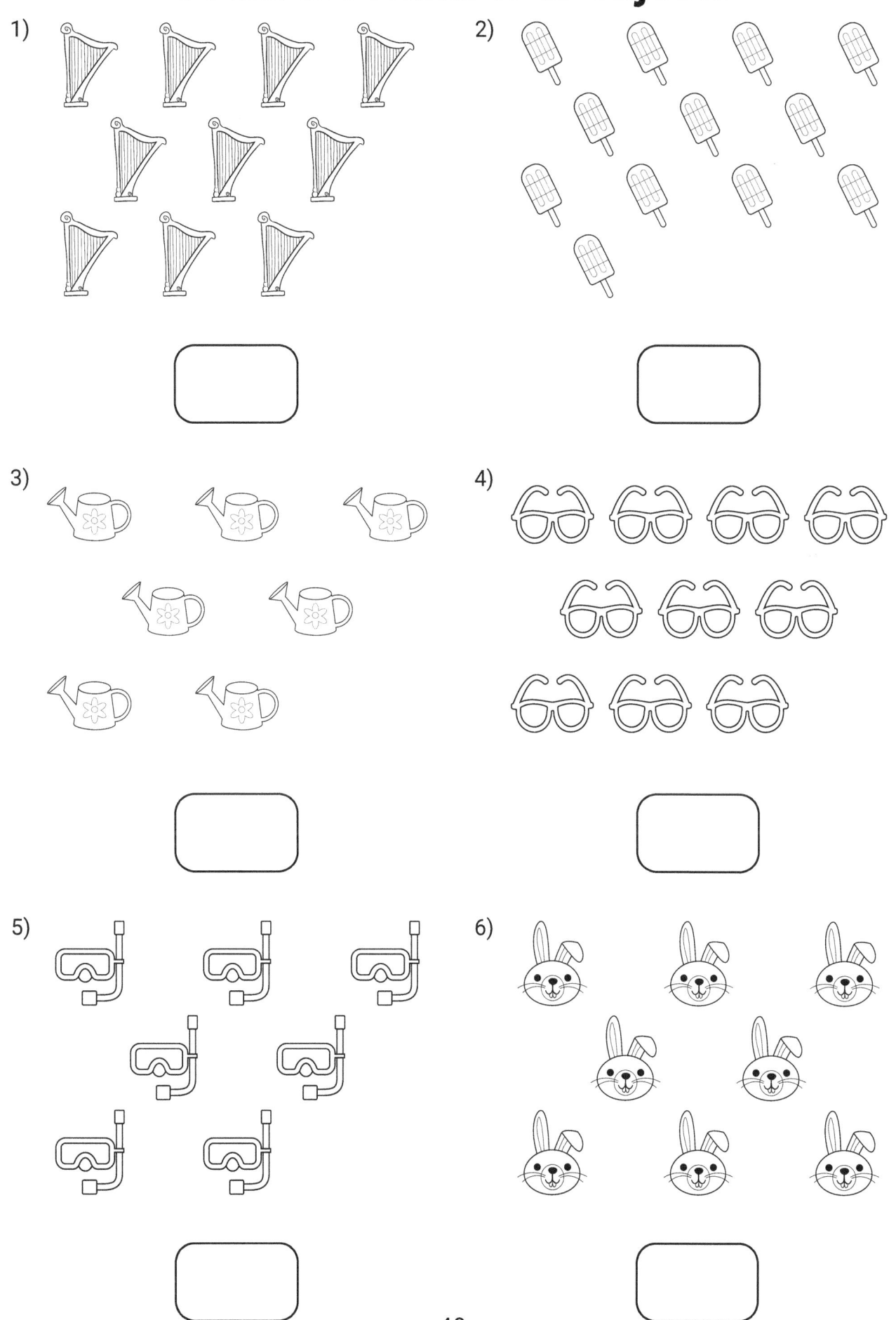

Count the Number of Objects

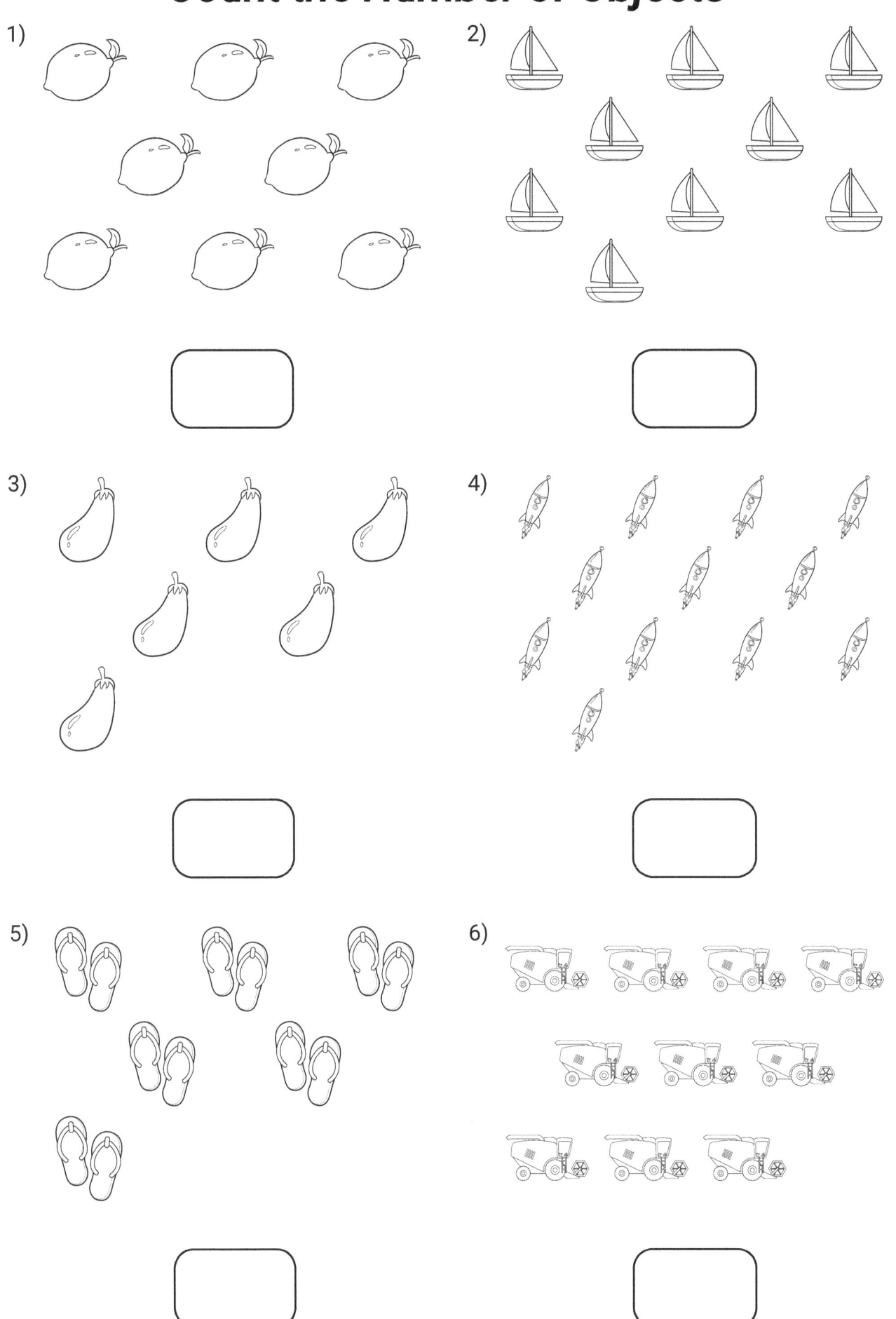

Count the Number of Objects

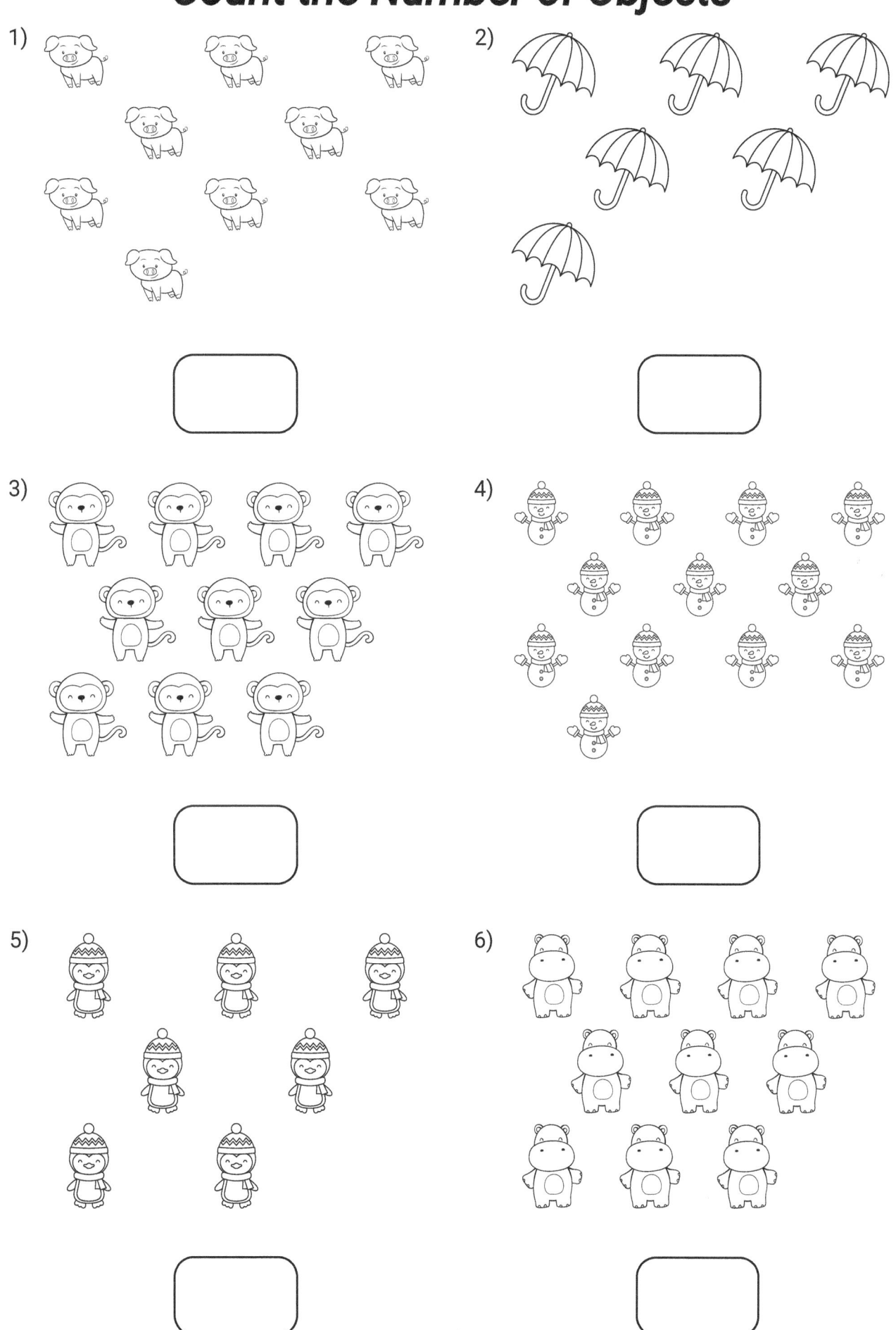

Count the Number of Objects

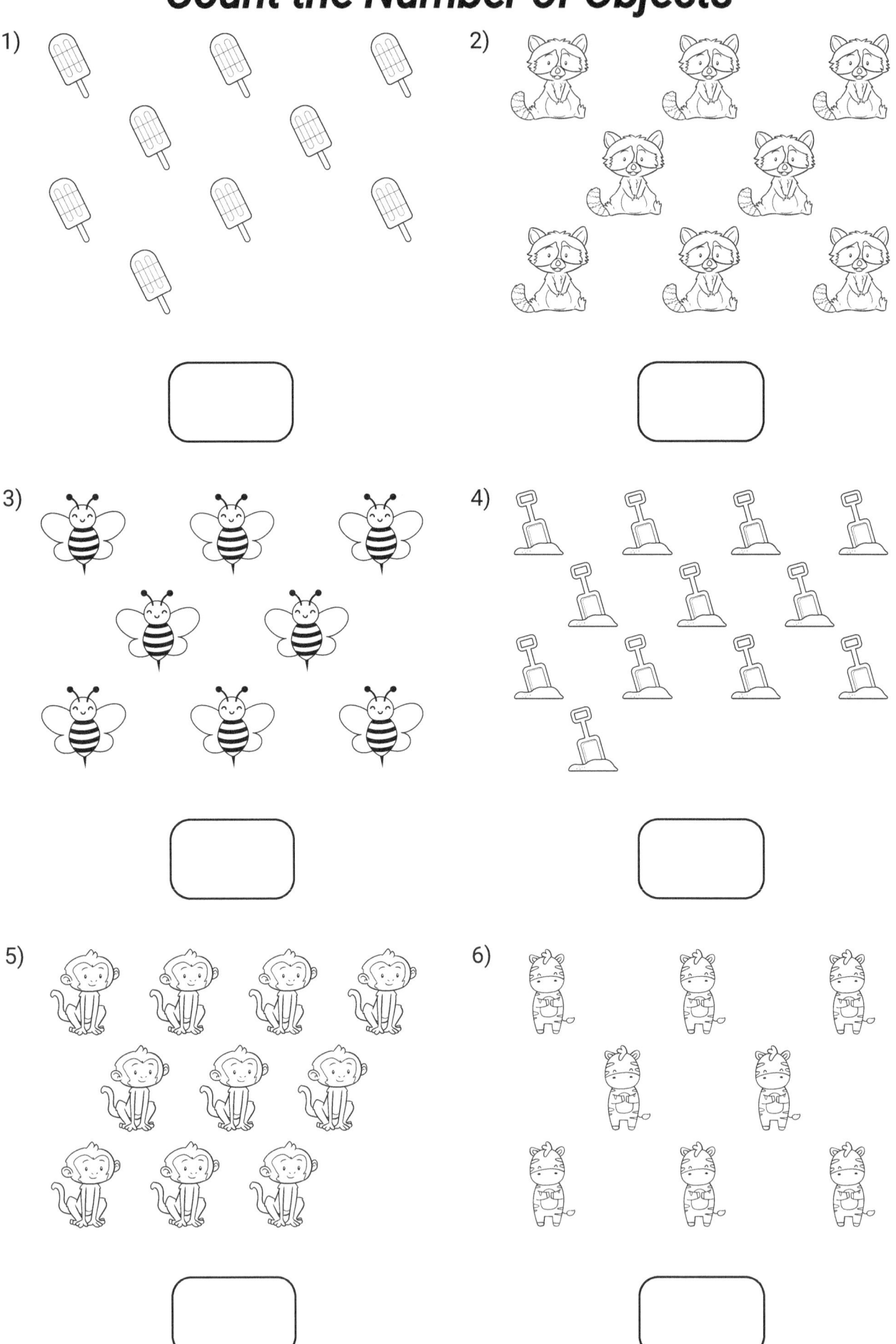

Count the Number of Objects

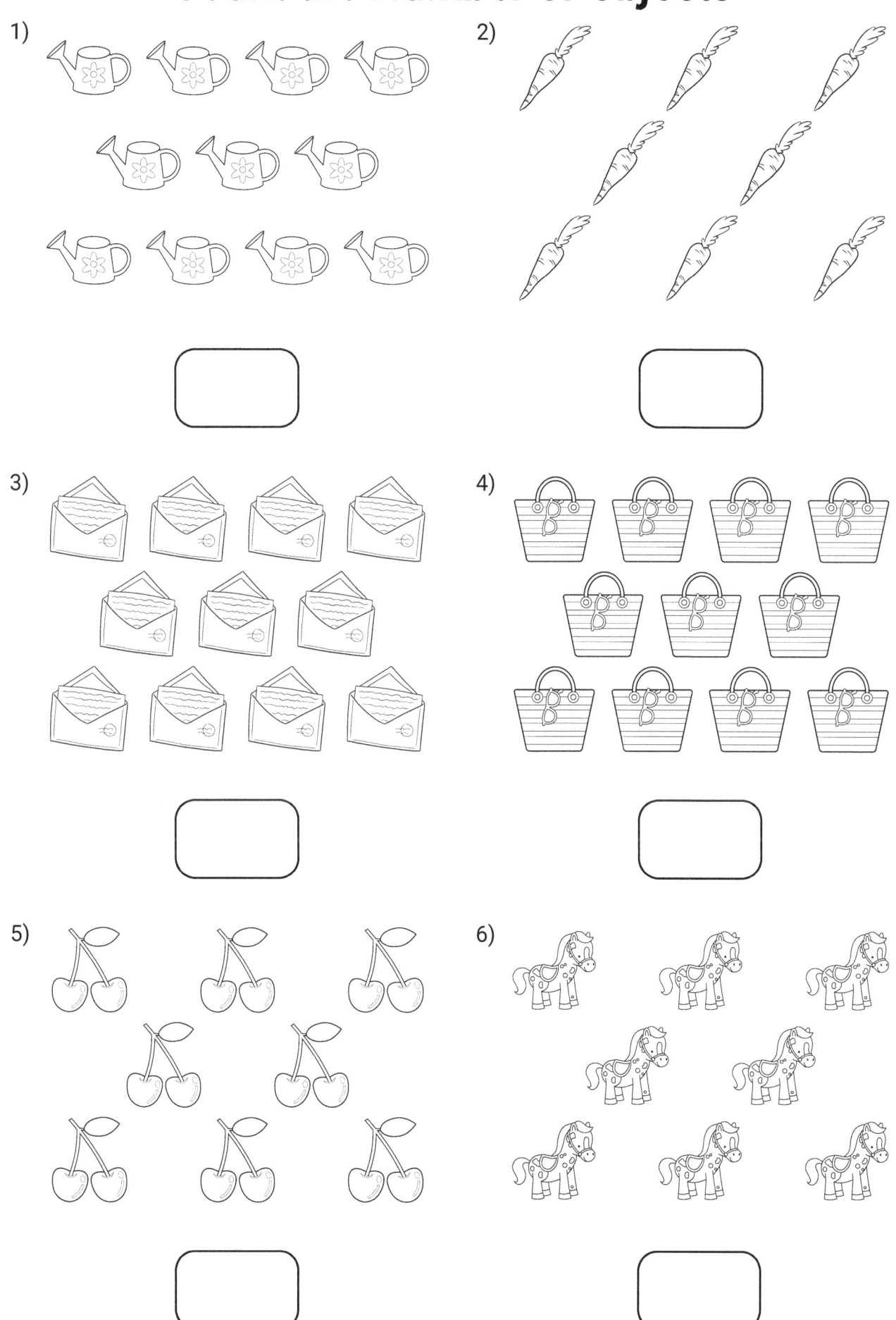

Count the Number of Objects

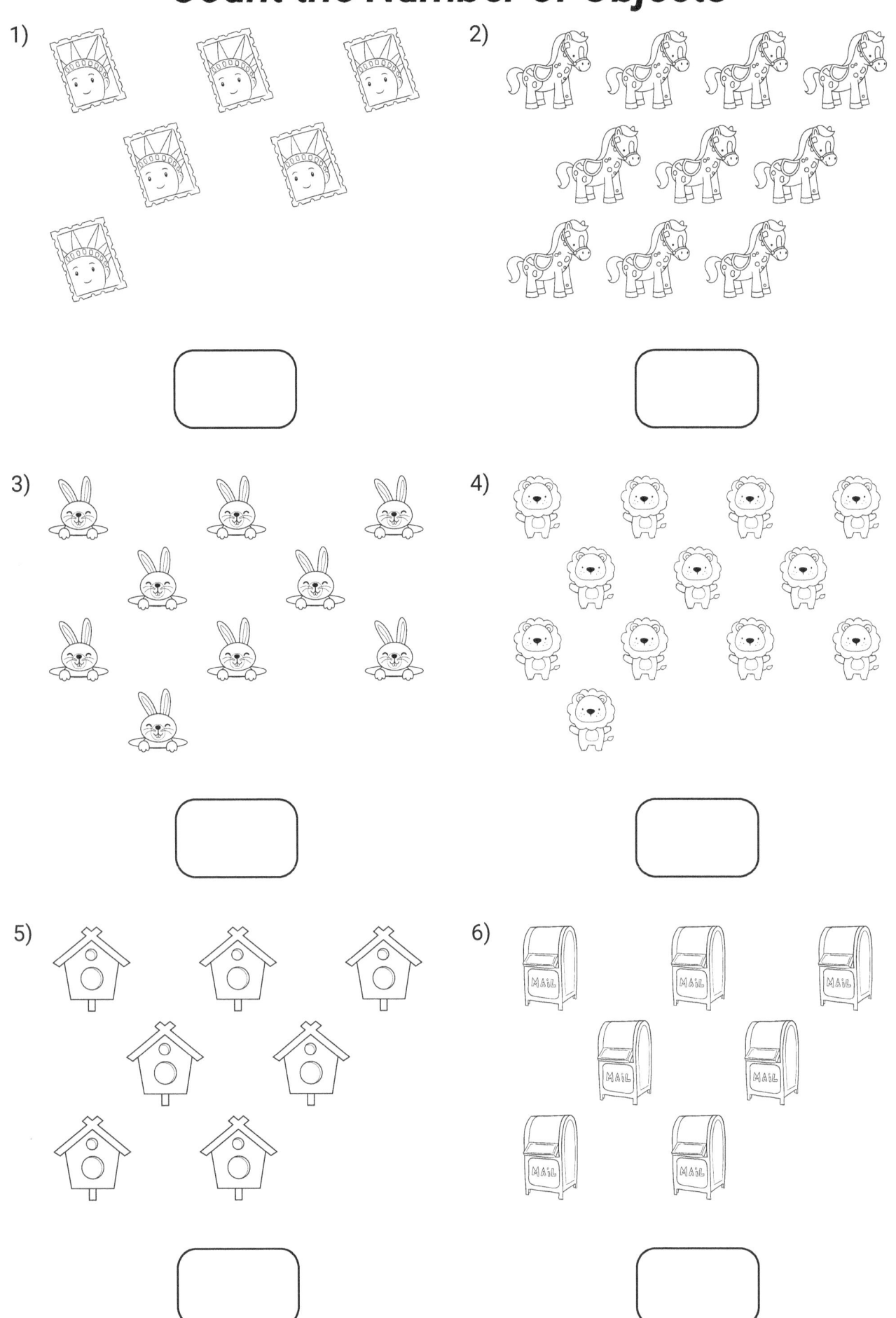

Count the Number of Objects

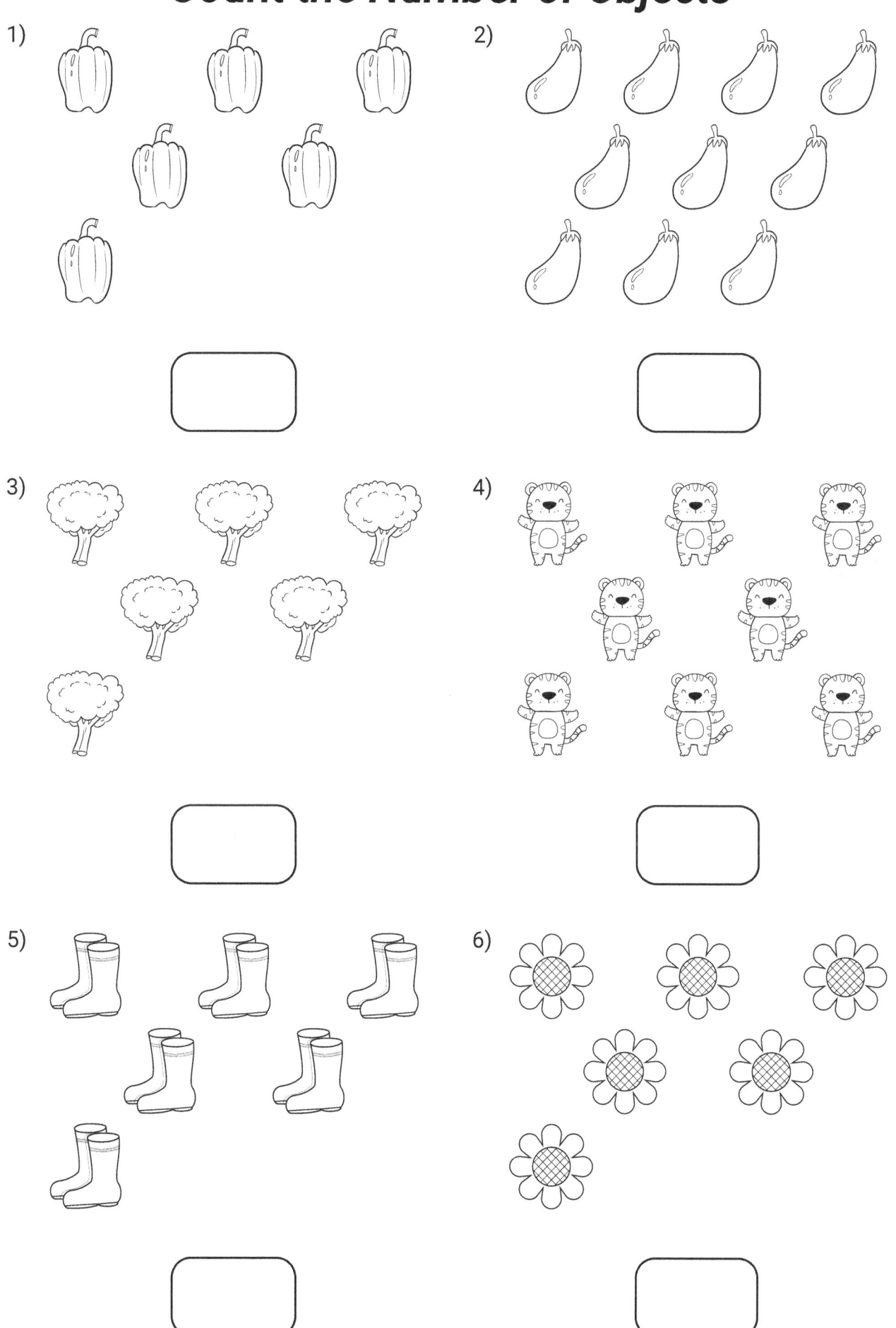

Count the Number of Objects

Count the Number of Objects

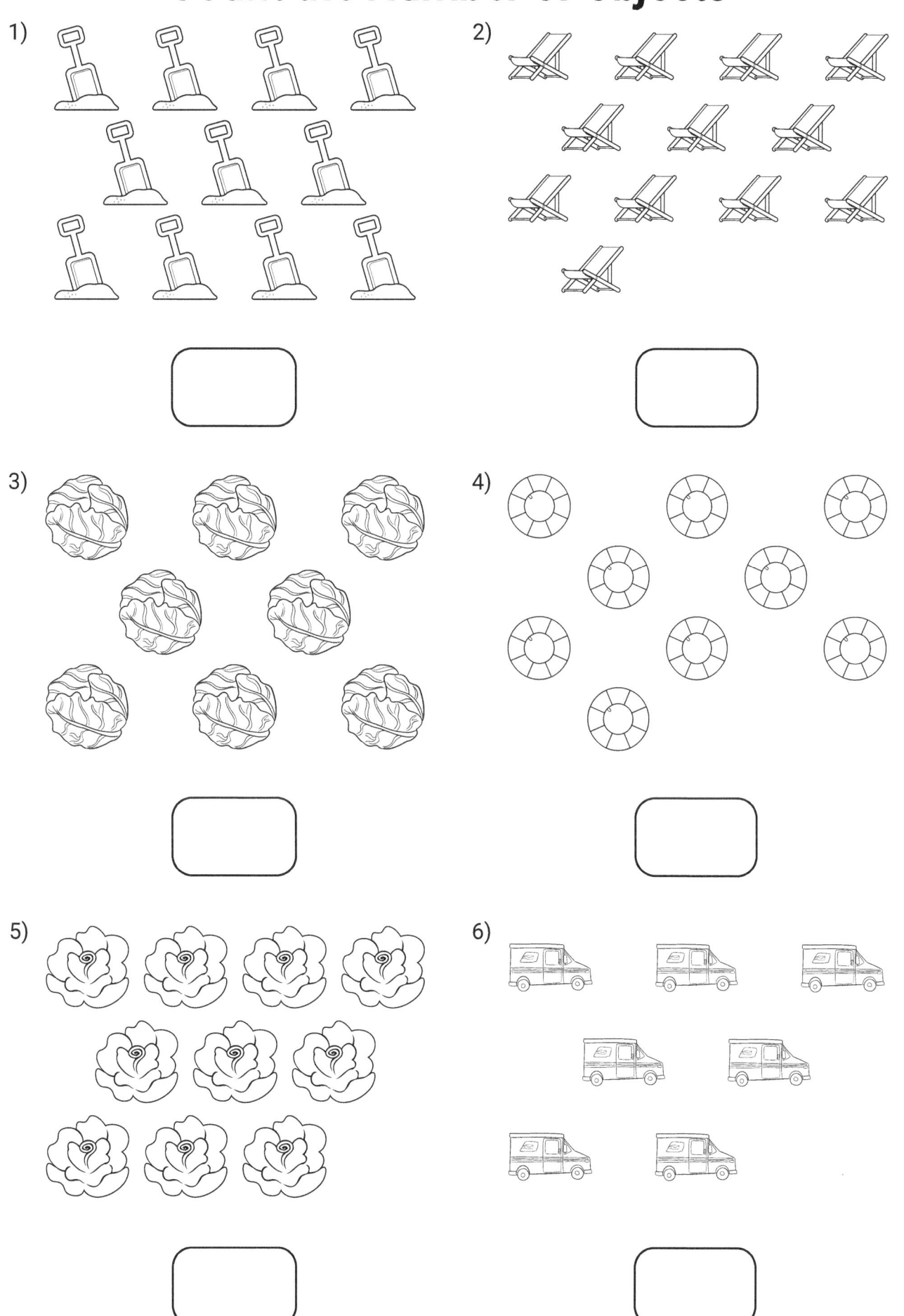

Count the Number of Objects

Count the Number of Objects

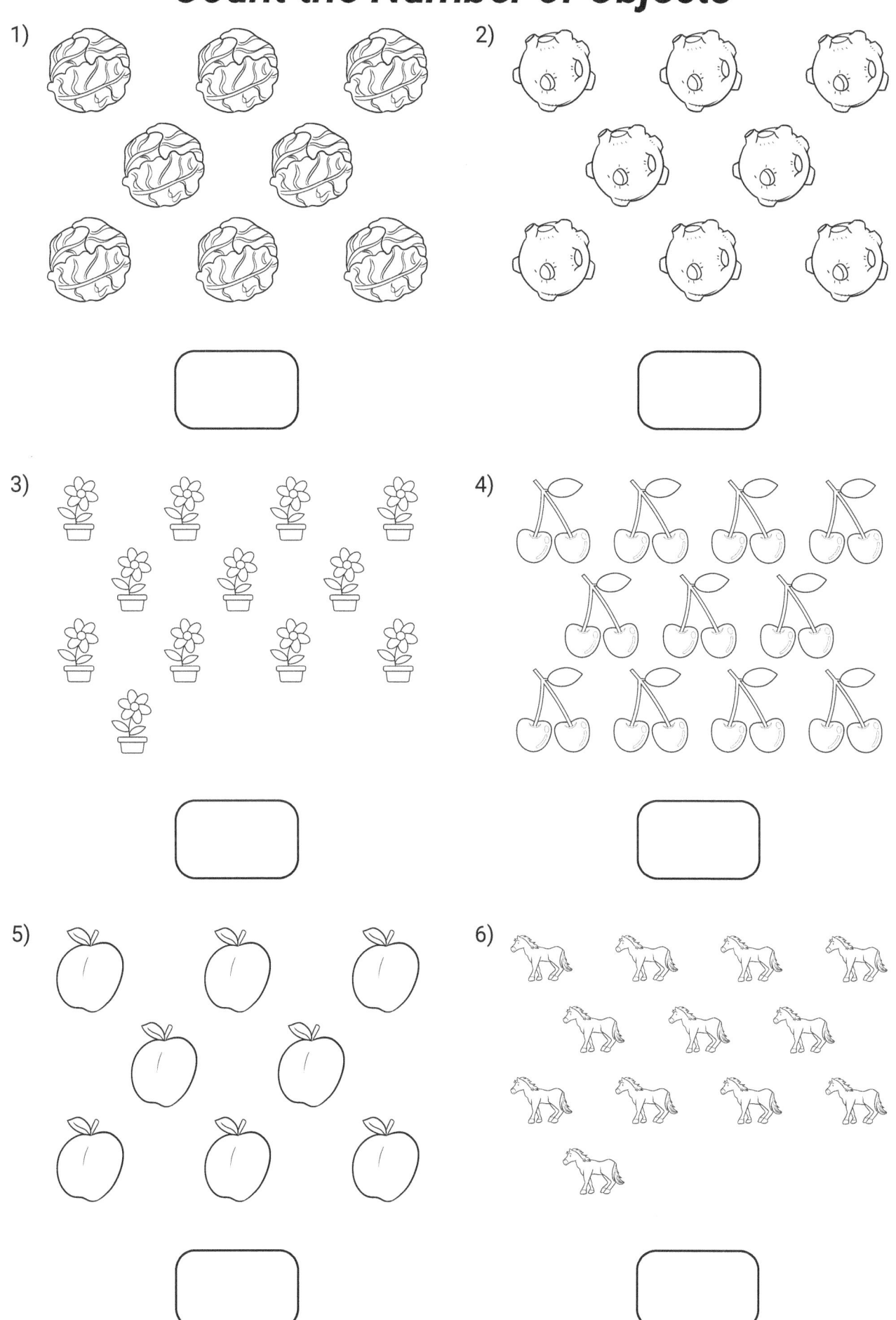

Count the Number of Objects

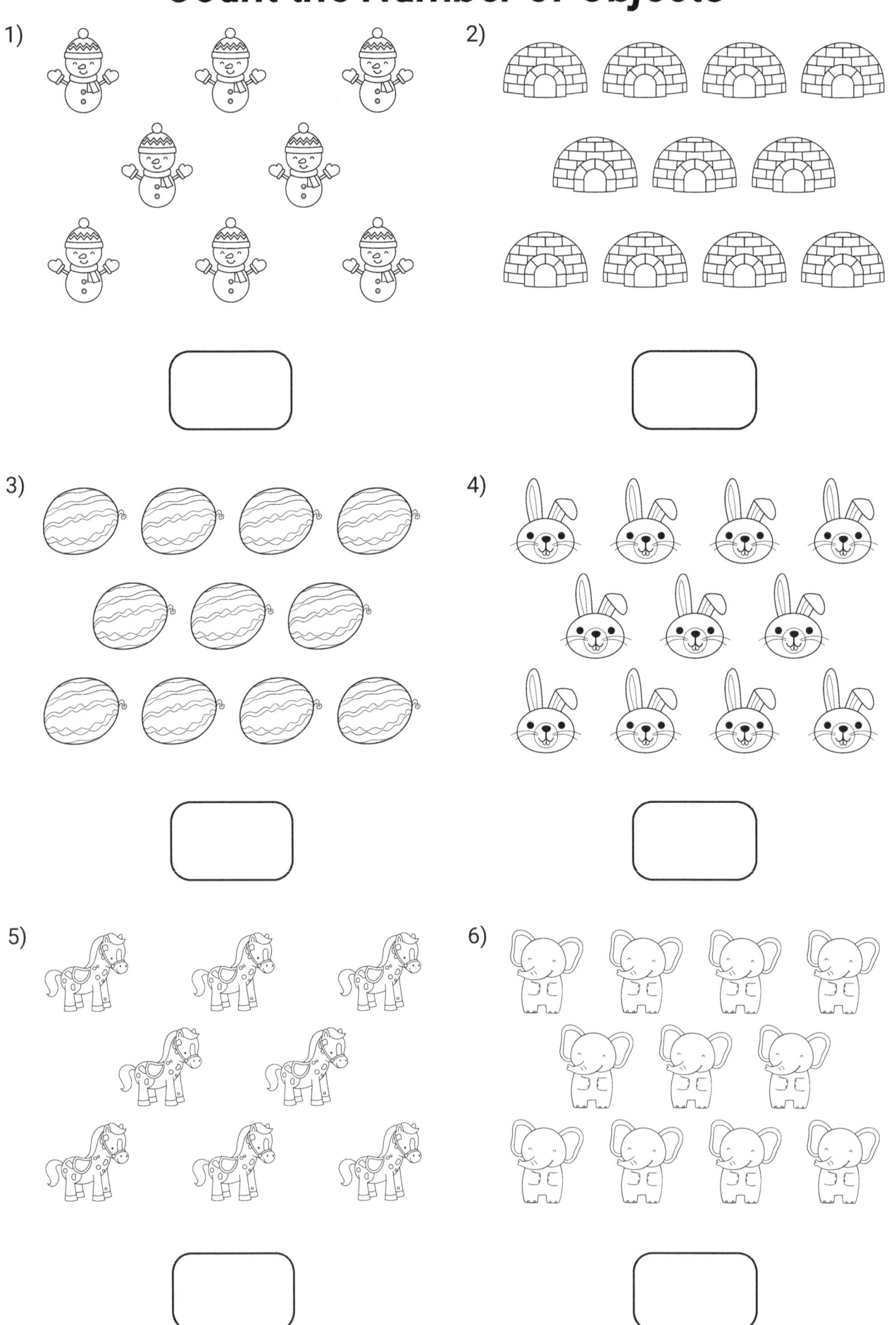

Count the Number of Objects

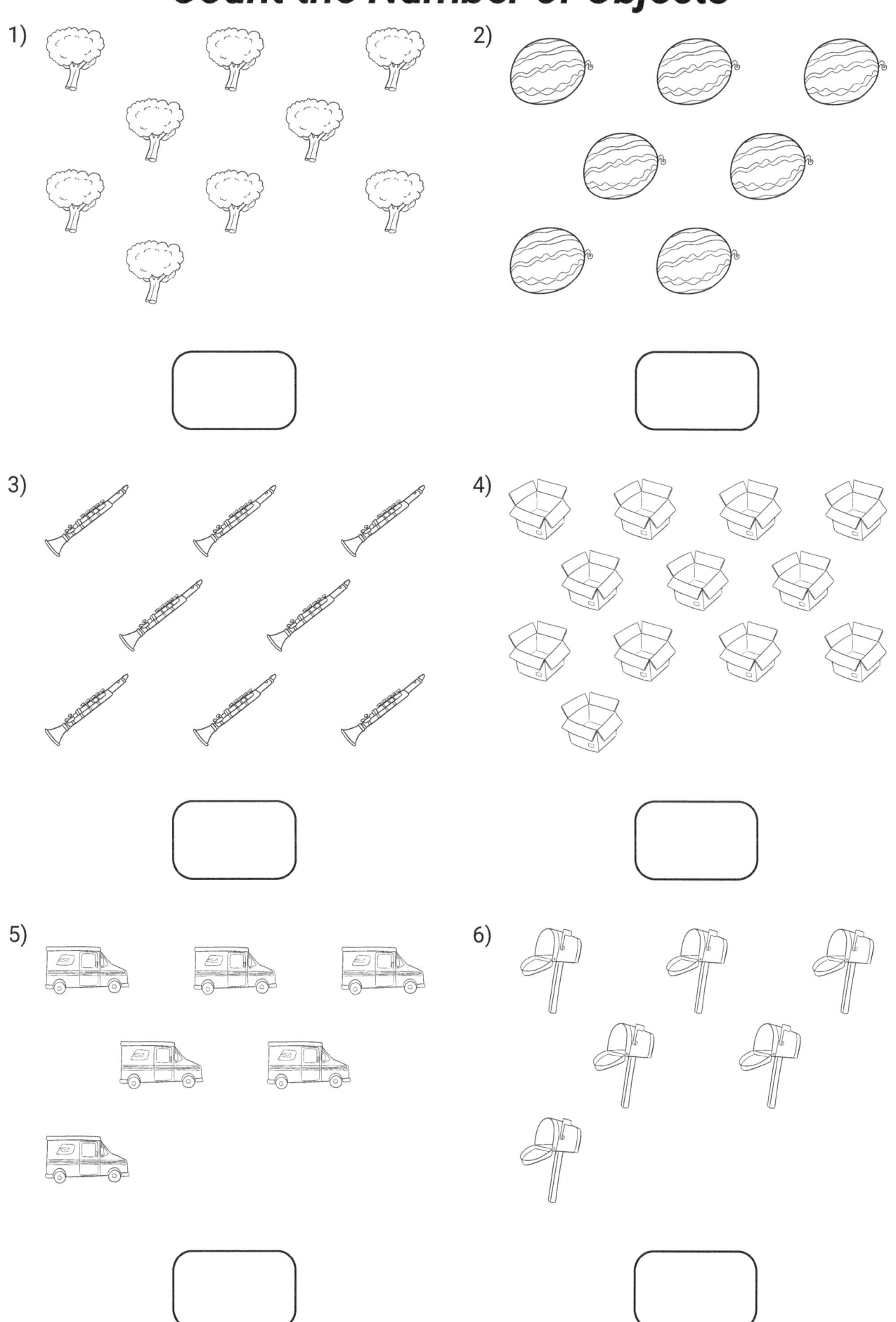

Draw Dots to Match the Number Shown

1)

7

2)

2

3)

9

4)

8

5)

6

6)

3

7)

4

8)

7

Draw Dots to Match the Number Shown

1)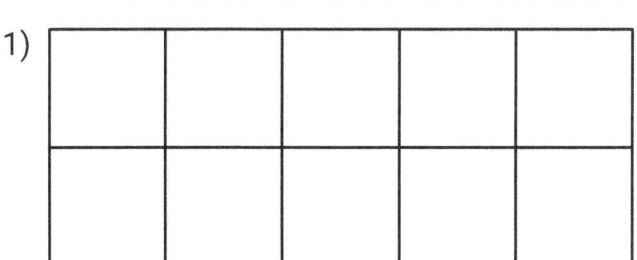

9

2)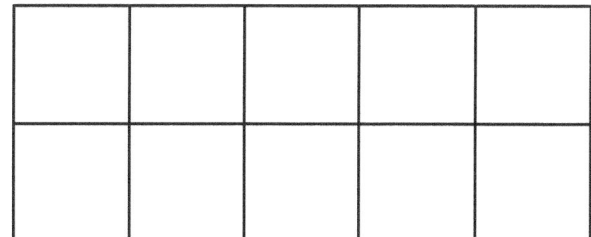

4

3)

3

4)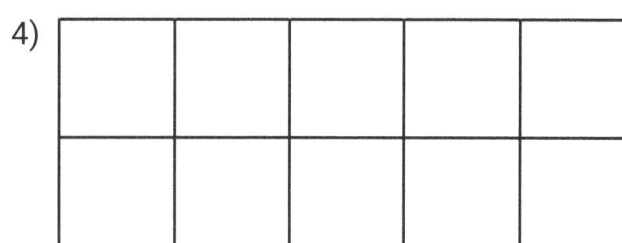

7

5)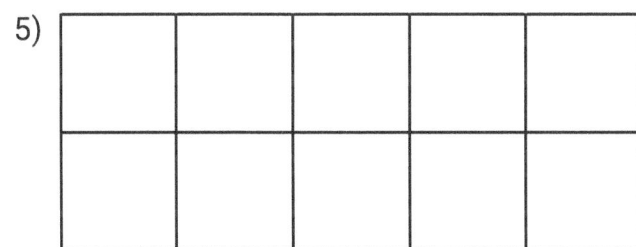

10

6)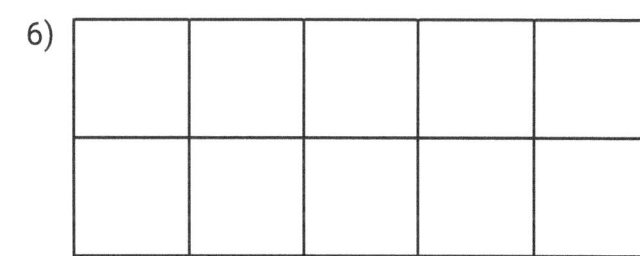

6

7)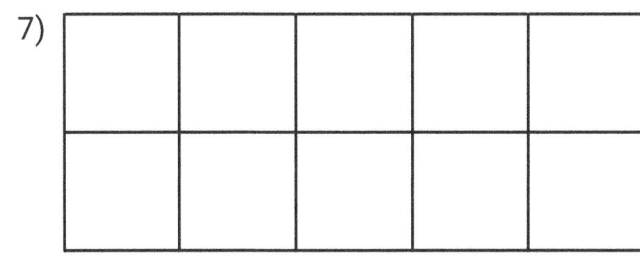

9

8)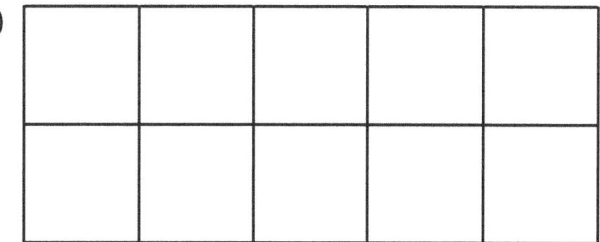

5

Draw Dots to Match the Number Shown

1)

6

2)

7

3)

10

4)

5

5)

8

6)

2

7)

3

8)

6

Draw Dots to Match the Number Shown

1)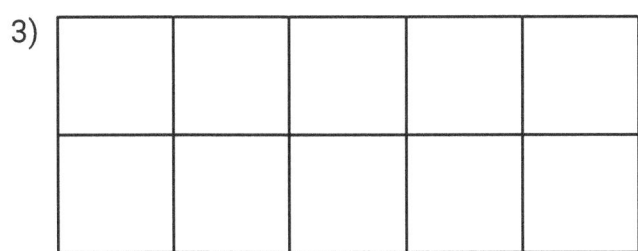

1

2)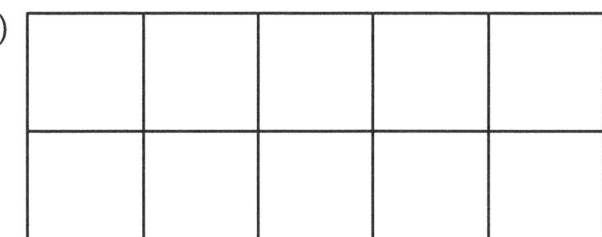

6

3)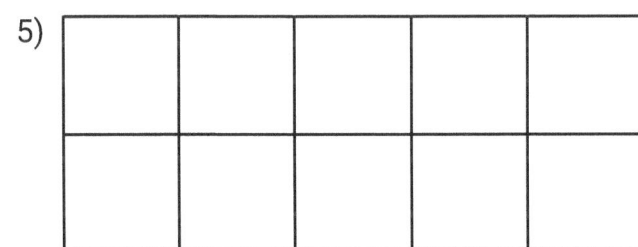

9

4)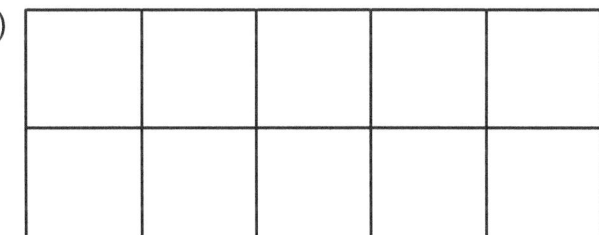

10

5)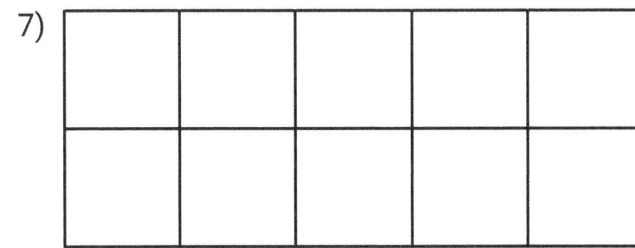

7

6)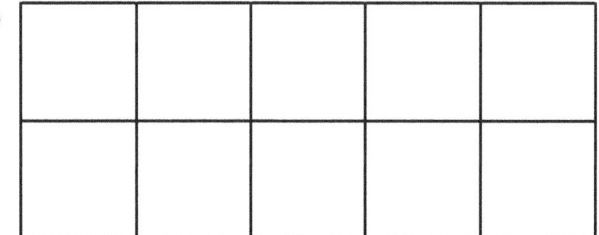

8

7)

2

8)

3

Draw Dots to Match the Number Shown

1)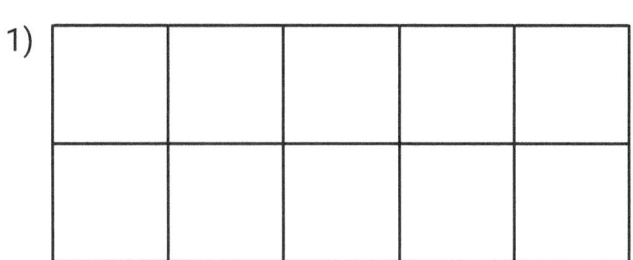

6

2)

7

3)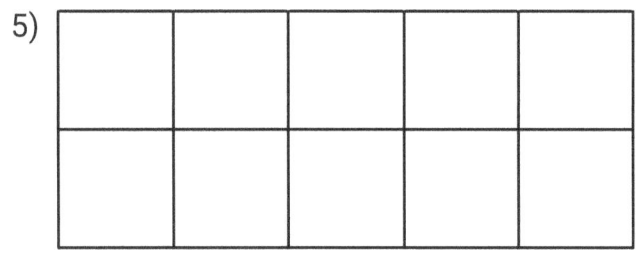

10

4)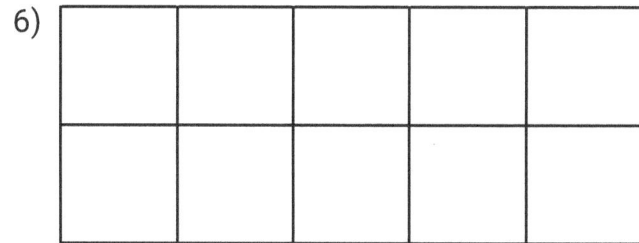

5

5)

6

6)

3

7)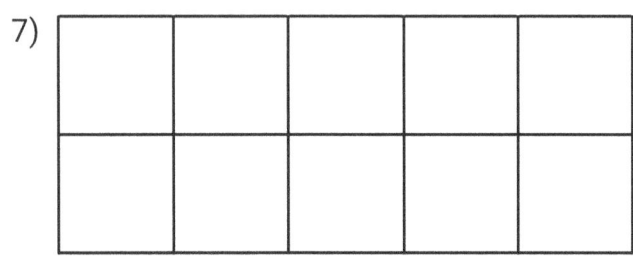

9

8)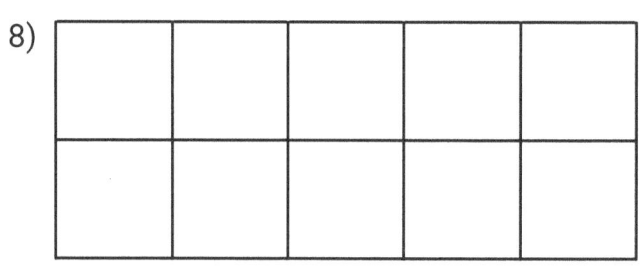

8

Draw Dots to Match the Number Shown

1)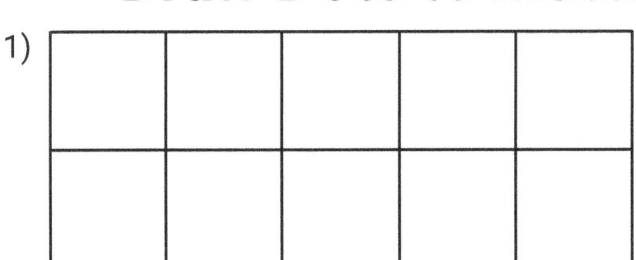
1

2)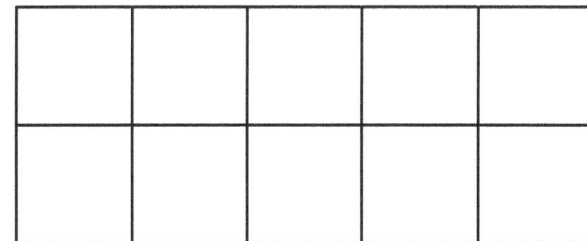
7

3)
3

4)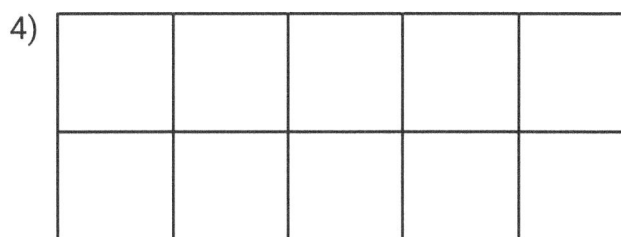
9

5)
7

6)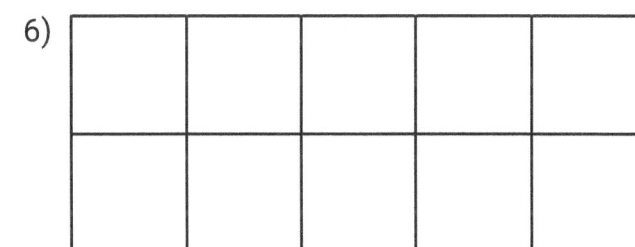
5

7)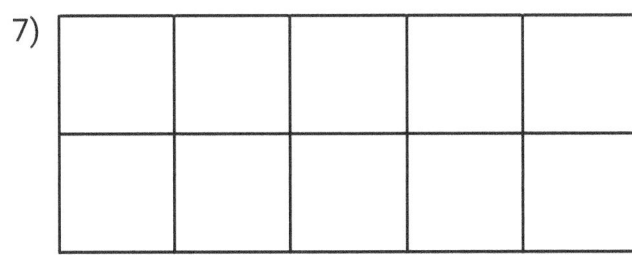
8

8)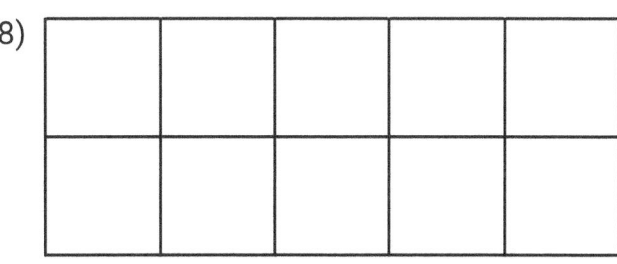
4

Draw Dots to Match the Number Shown

1)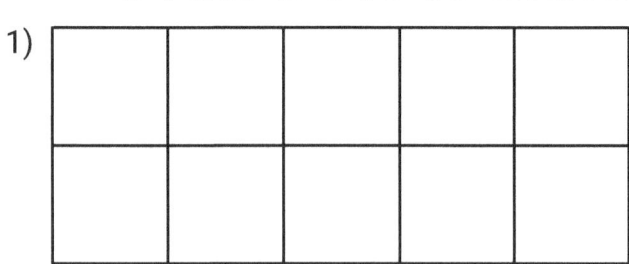

8

2)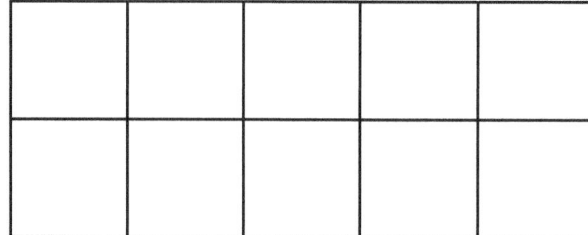

2

3)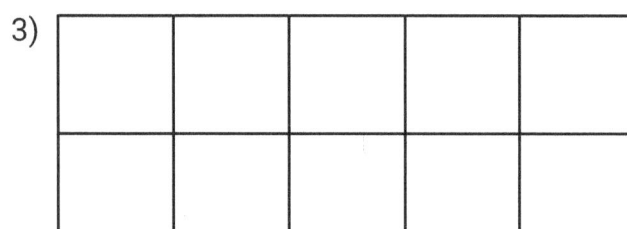

10

4)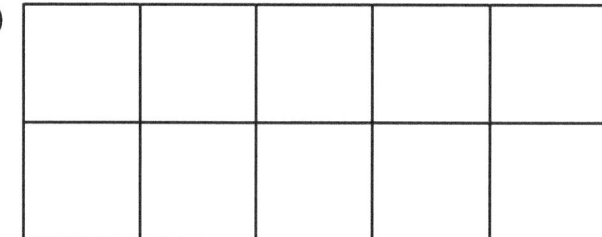

7

5)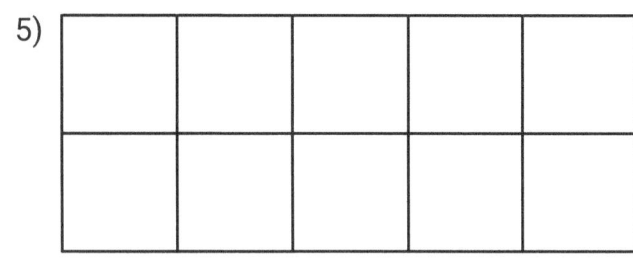

3

6)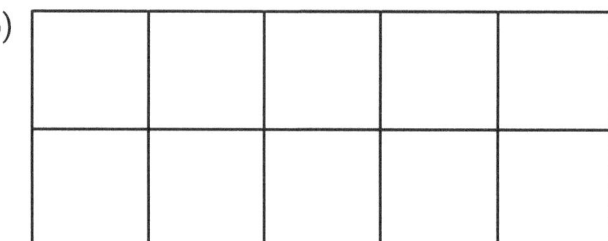

1

7)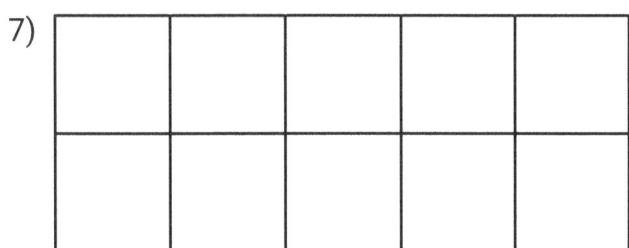

4

8)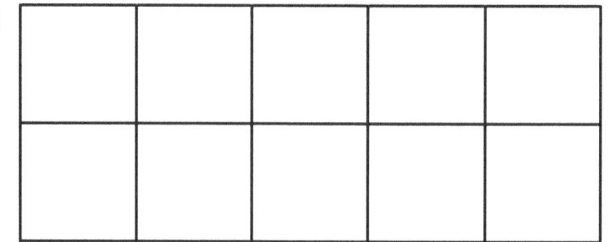

8

Draw Dots to Match the Number Shown

1)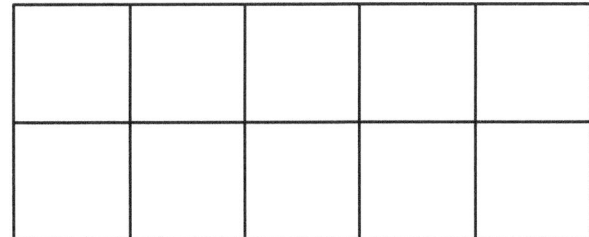

5

2)

4

3)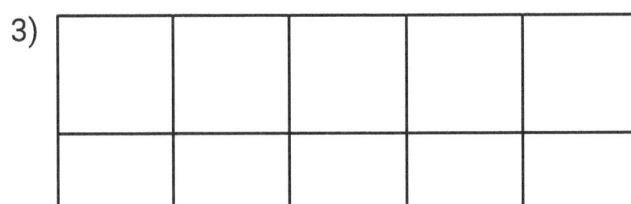

6

4)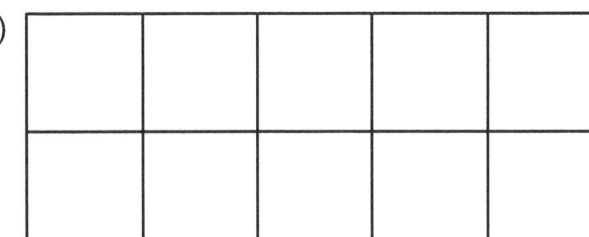

3

5)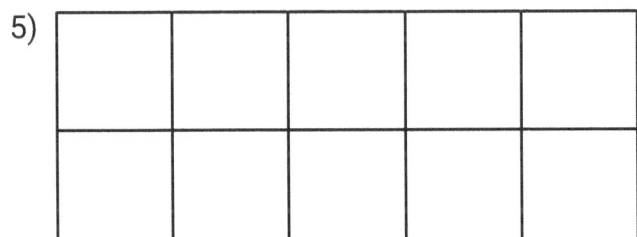

4

6)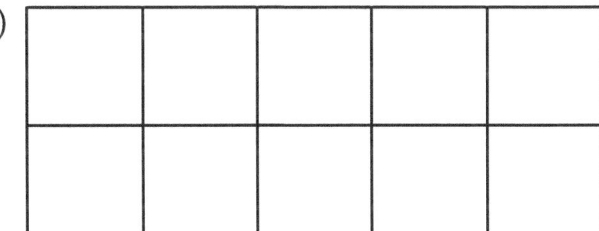

2

7)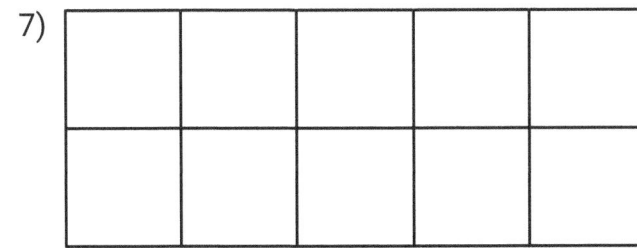

7

8)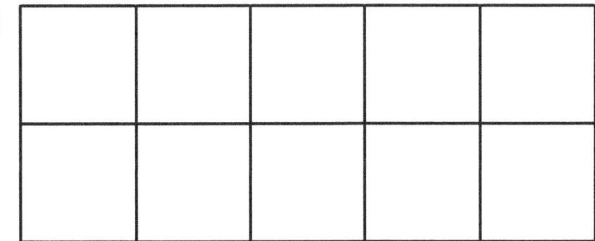

9

Draw Dots to Match the Number Shown

1)
8

2)
6

3)
4

4)
3

5)
5

6)
2

7)
1

8)
8

Draw Dots to Match the Number Shown

1)

8

2)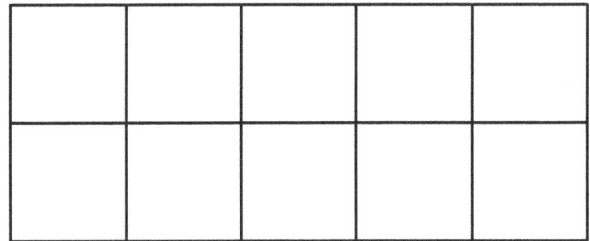

7

3)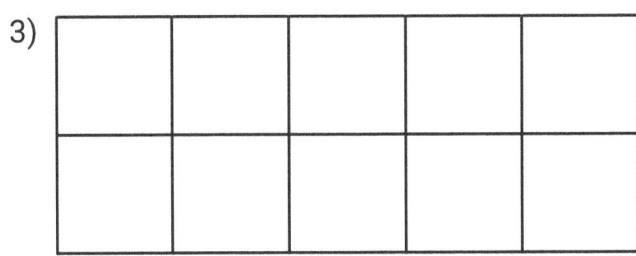

6

4)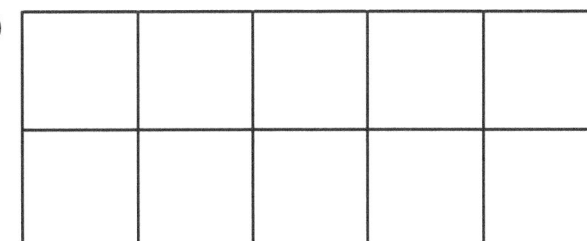

5

5)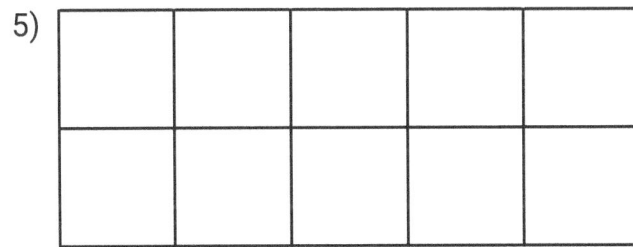

9

6)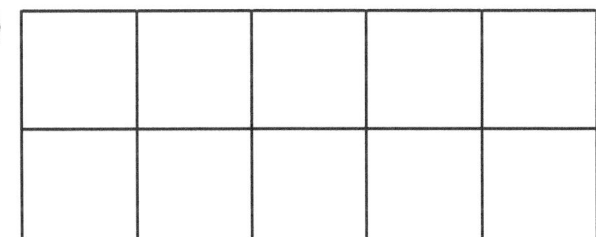

3

7)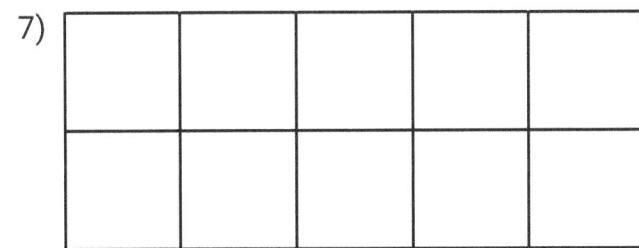

2

8)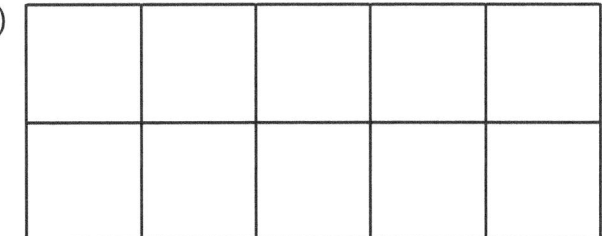

10

Draw Dots to Match the Number Shown

1)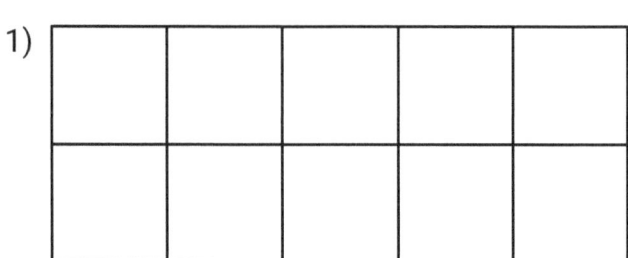

5

2)

3

3)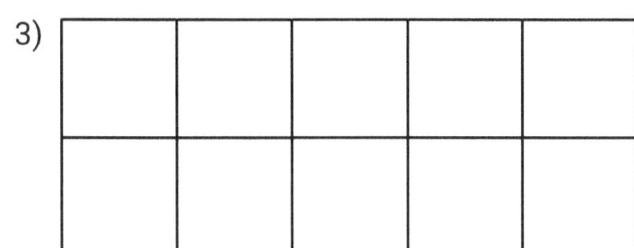

10

4)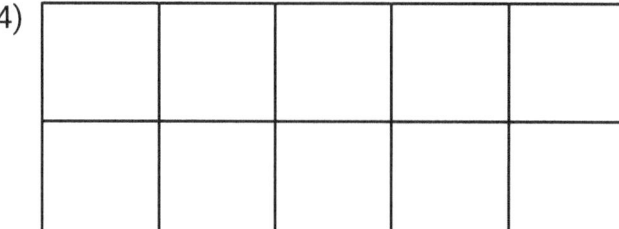

4

5)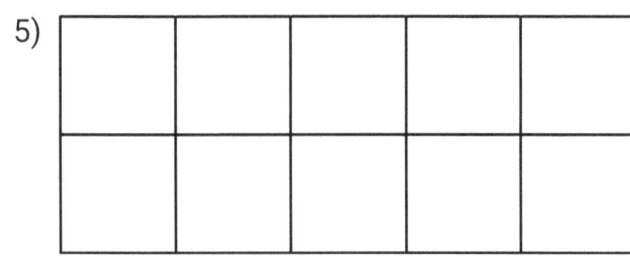

7

6)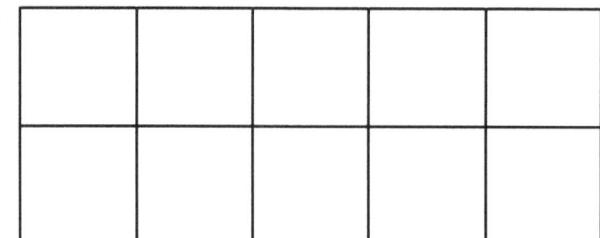

6

7)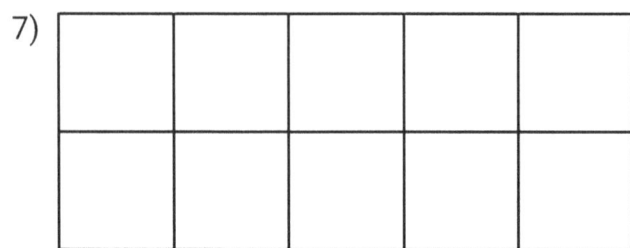

5

8)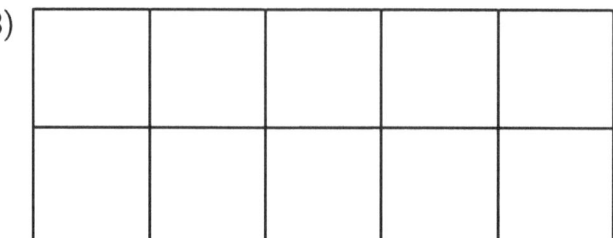

2

Draw Dots to Match the Number Shown

1)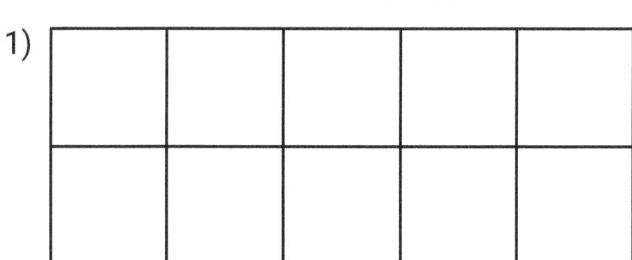

7

2)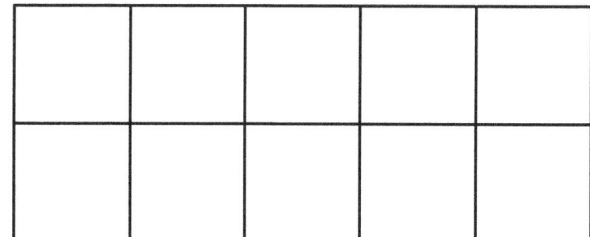

10

3)

5

4)

4

5)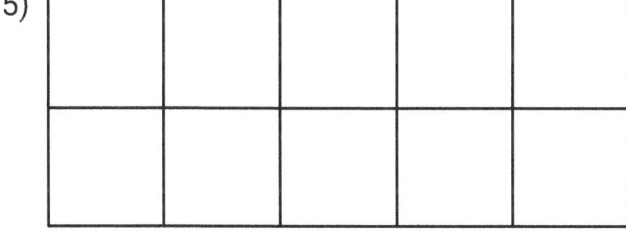

1

6)

5

7)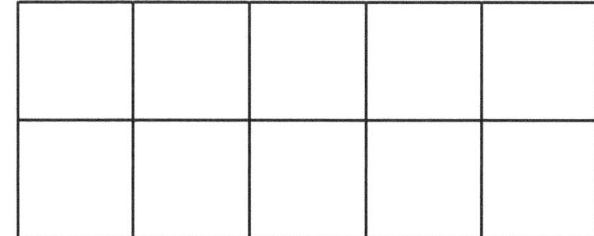

8

8)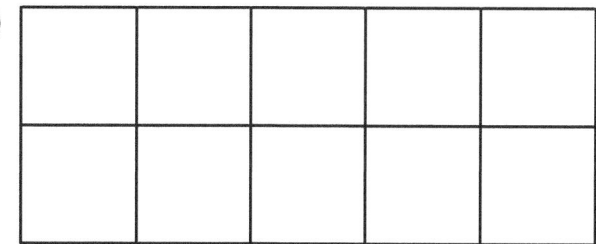

6

Draw Dots to Match the Number Shown

1)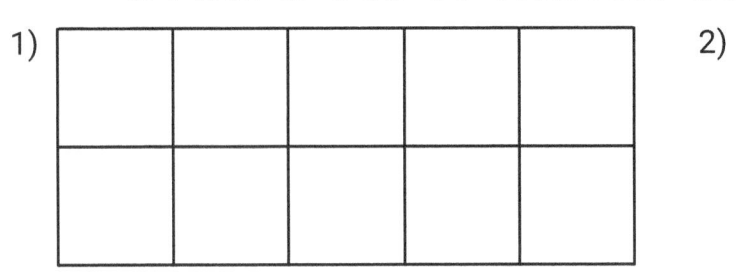
6

2)
7

3)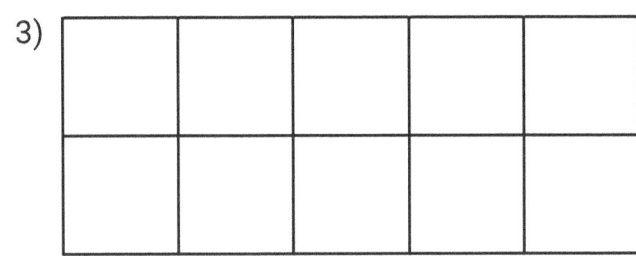
10

4)
2

5)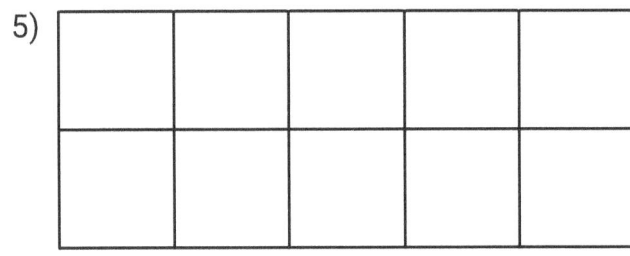
4

6)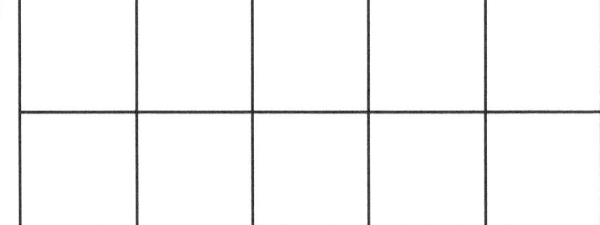
5

7)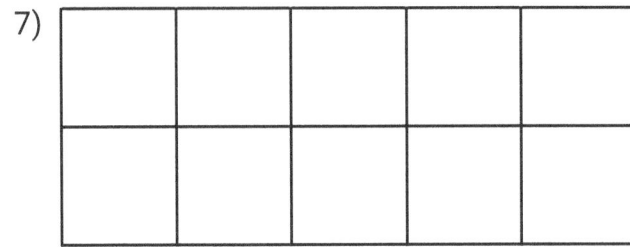
9

8)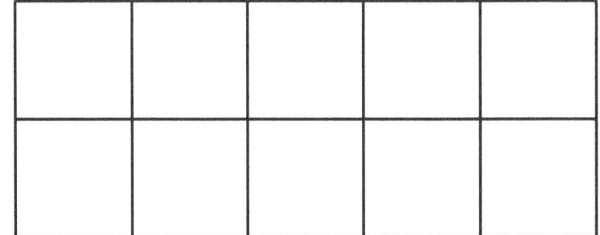
6

Draw Dots to Match the Number Shown

1)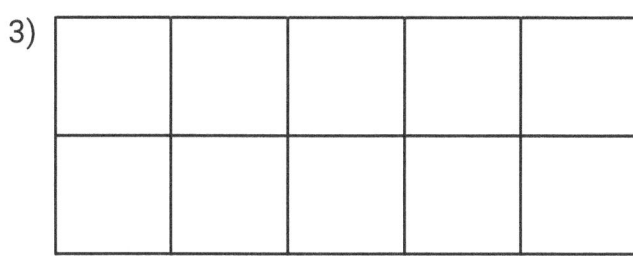

4

2)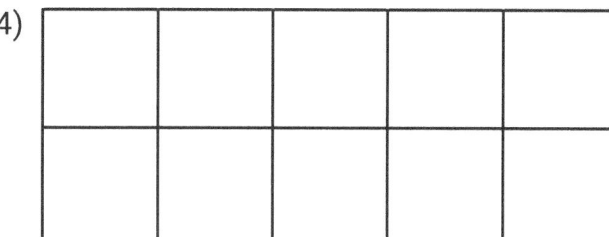

1

3)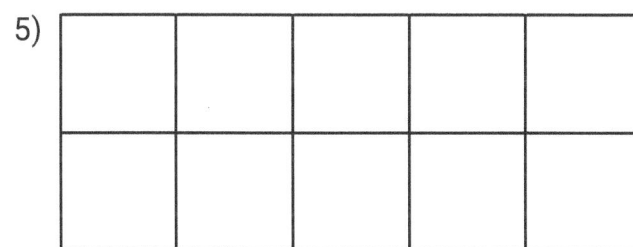

2

4)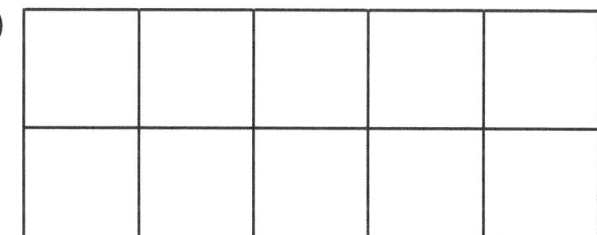

5

5)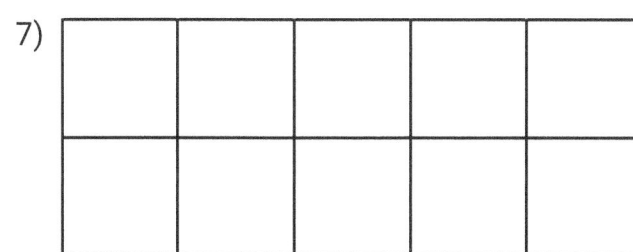

10

6)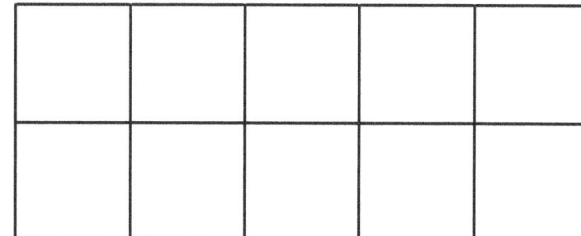

6

7)

8

8)

7

Draw Dots to Match the Number Shown

1)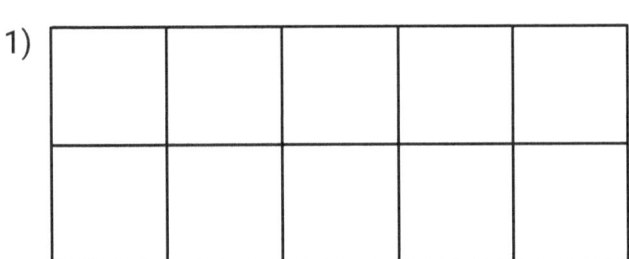

5

2)

4

3)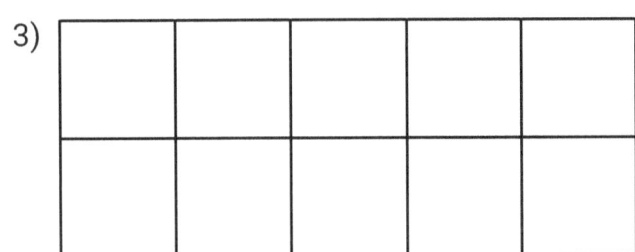

7

4)

8

5)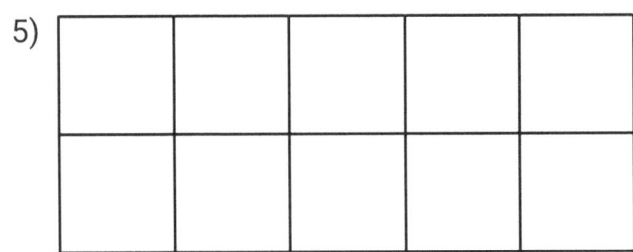

10

6)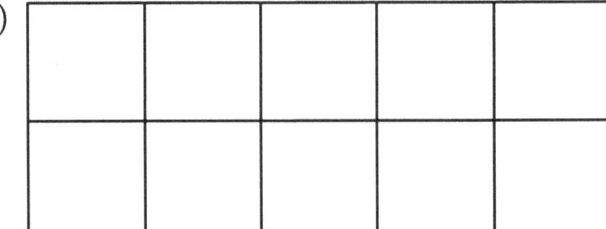

1

7)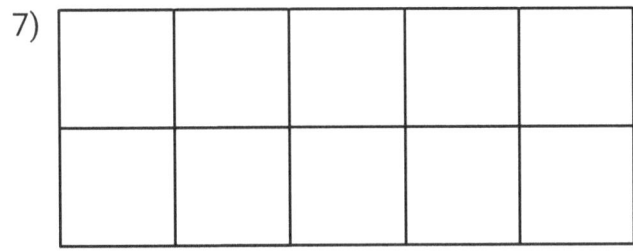

9

8)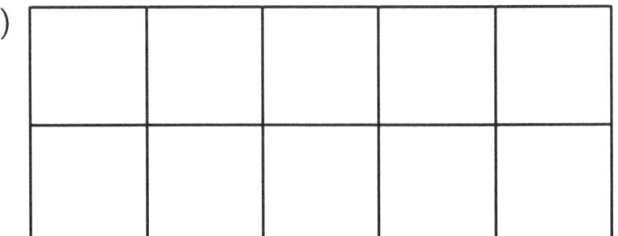

3

Count the Counters in Each Frame

1) [ten-frame with 7 counters]

_____

2) [ten-frame with 2 counters]

_____

3) [ten-frame with 10 counters]

_____

4) [ten-frame with 5 counters]

_____

5) [ten-frame with 4 counters]

_____

6) [ten-frame with 3 counters]

_____

7) [ten-frame with 8 counters]

_____

8) [ten-frame with 9 counters]

_____

Count the Counters in Each Frame

1)

_____

2)

_____

3)

_____

4)

_____

5)

_____

6)

_____

7)

_____

8)

_____

Count the Counters in Each Frame

1) _____

2) _____

3) _____

4) _____

5) _____

6) _____

7) _____

8) _____

Count the Counters in Each Frame

1)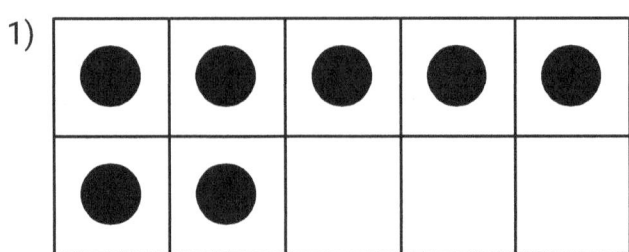

_____

2)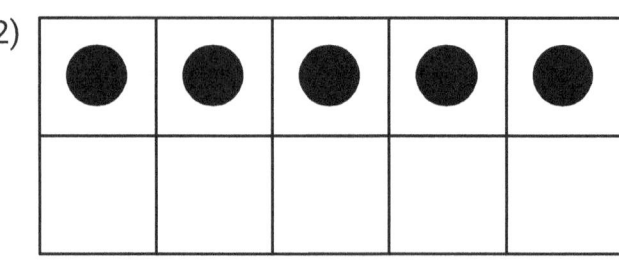

_____

3)

_____

4)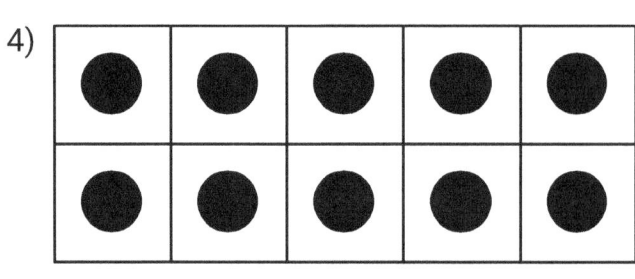

_____

5)

_____

6)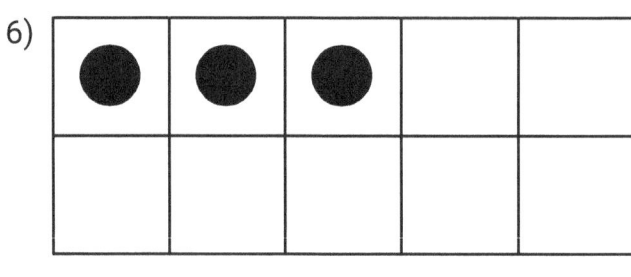

_____

7)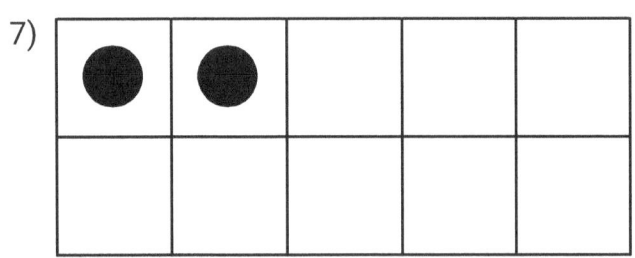

_____

8)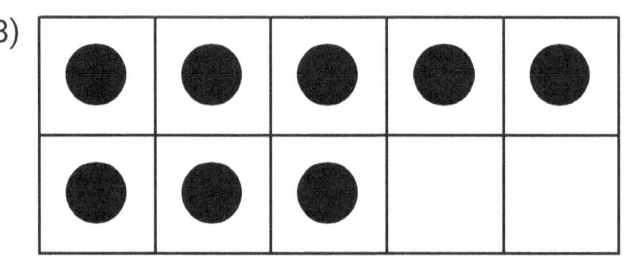

_____

Count the Counters in Each Frame

1) _____

2) _____

3) _____

4) _____

5) _____

6) _____

7) _____

8) _____

Count the Counters in Each Frame

1)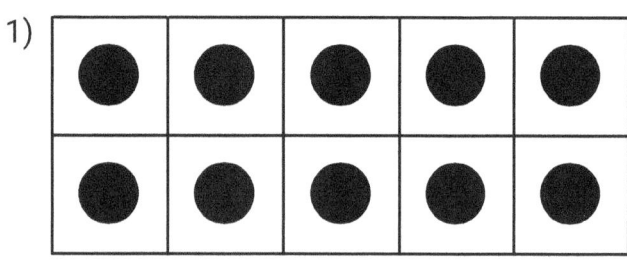

_____

2)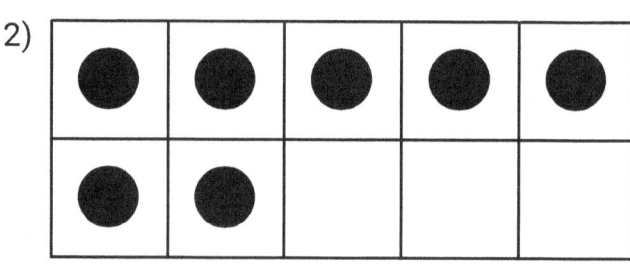

_____

3)

_____

4)

_____

5)

_____

6)

_____

7)

_____

8)

_____

Count the Counters in Each Frame

1) ____

2) ____

3) ____

4) ____

5) ____

6) ____

7) ____

8) ____

Count the Counters in Each Frame

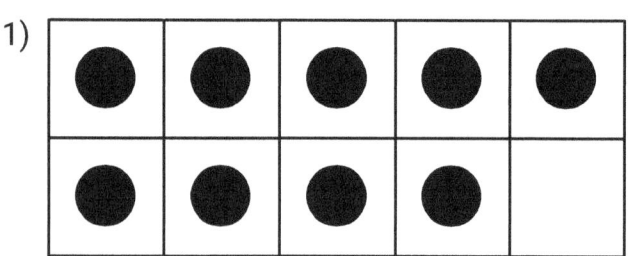

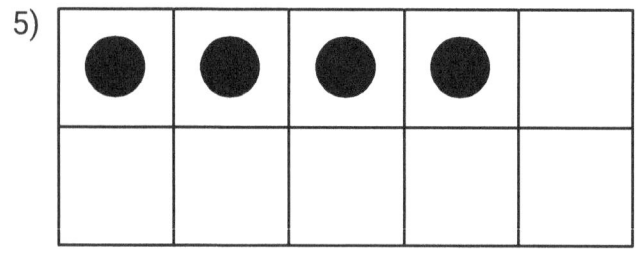

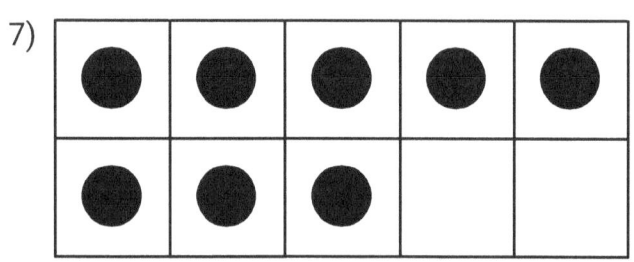

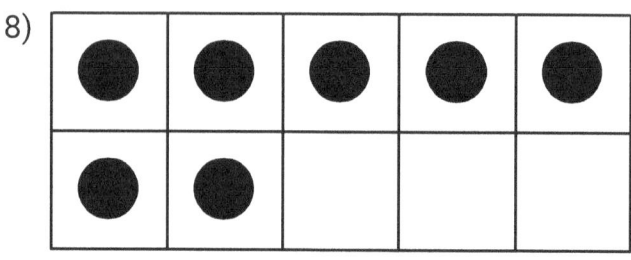

Count the Counters in Each Frame

1) _____

2) _____

3) _____

4) _____

5) _____

6) _____

7) _____

8) _____

Count the Counters in Each Frame

1)

_____

2)

_____

3)

_____

4)

_____

5)

_____

6)

_____

7)

_____

8)

_____

Count the Counters in Each Frame

1)

_____

2)

_____

3)

_____

4)

_____

5)

_____

6)

_____

7)

_____

8)

_____

Count the Counters in Each Frame

1) 9

2) 10

3) 4

4) 2

5) 5

6) 8

7) 3

8) 1

Count the Counters in Each Frame

1)

_____

2)

_____

3)

_____

4)

_____

5)

_____

6)

_____

7)

_____

8)

_____

Count the Counters in Each Frame

1) 2

2) 7

3) 10

4) 3

5) 9

6) 2

7) 8

8) 1

Count the Counters in Each Frame

1) _____

2) _____

3) _____

4) _____

5) _____

6) _____

7) _____

8) _____

Fill in the Missing Numbers and Color the Page

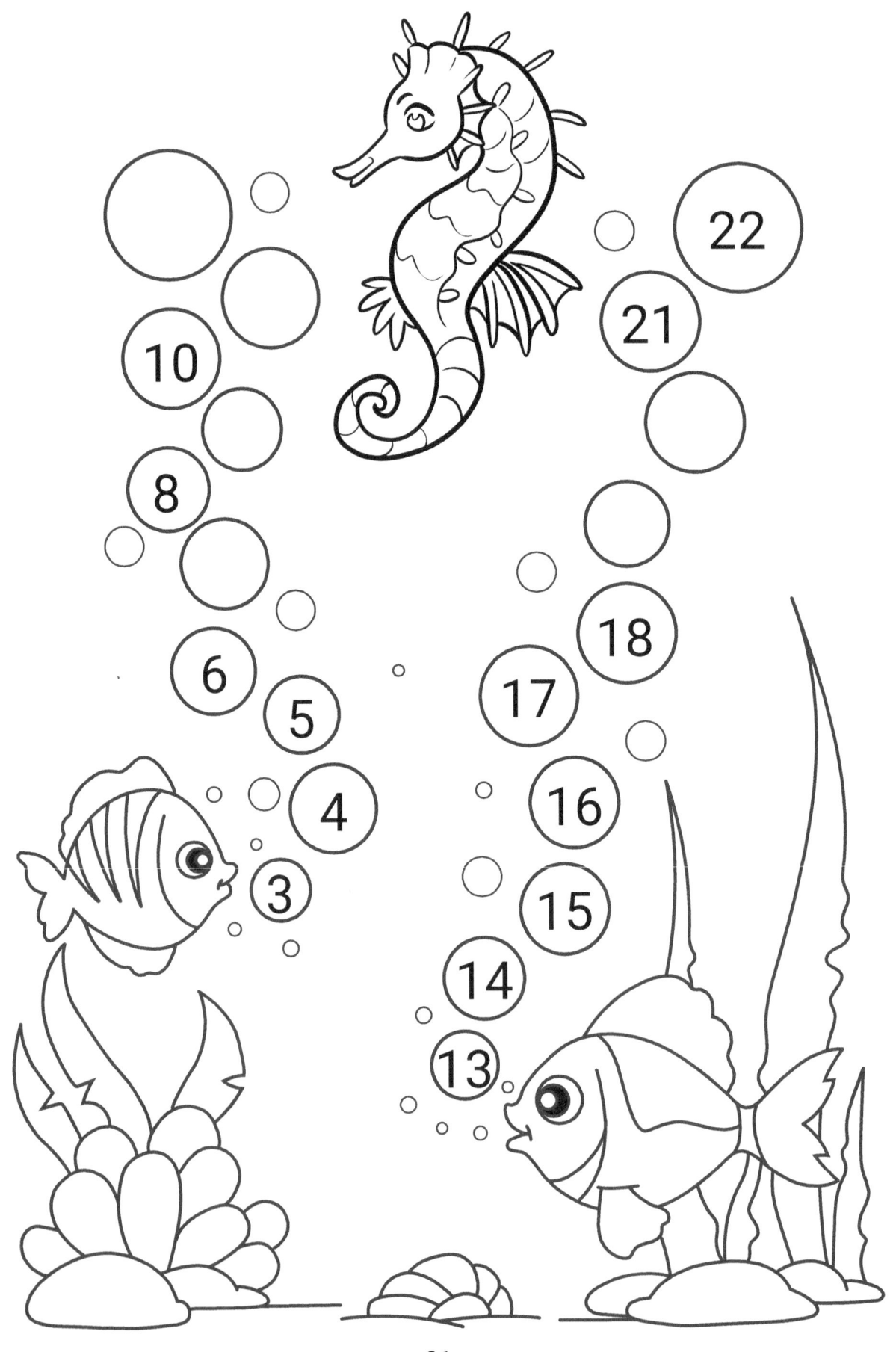

Fill in the Missing Numbers and Color the Page

Fill in the Missing Numbers and Color the Page

Fill in the Missing Numbers and Color the Page

Fill in the Missing Numbers and Color the Page

Fill in the Missing Numbers and Color the Page

Fill in the Missing Numbers and Color the Page

Fill in the Missing Numbers and Color the Page

Fill in the Missing Numbers and Color the Page

Fill in the Missing Numbers and Color the Page

Page 1, Item 1:
(1)4, 4, 2, 2, 1, 3

Page 2, Item 1:
(1)4, 4, 0, 3, 1, 4

Page 3, Item 1:
(1)3, 1, 2, 1, 4, 5

Page 4, Item 1:
(1)3, 8, 0, 2, 1, 2

Page 5, Item 1:
(1)4, 3, 1, 2, 3, 3

Page 6, Item 1:
(1)0, 4, 4, 6, 0, 2

Page 7, Item 1:
(1)3, 2, 3, 3, 1, 4

Page 8, Item 1:
(1)1, 4, 3, 4, 2, 2

Page 9, Item 1:
(1)2, 1, 0, 2, 4, 7

Page 10, Item 1:
(1)3, 3, 4, 3, 1, 2

Page 11, Item 1:
(1)1, 2, 2, 5, 2, 4

Page 12, Item 1:
(1)1, 2, 5, 3, 4, 1

Page 13, Item 1:
(1)2, 2, 2, 3, 2, 5

Page 14, Item 1:
(1)3, 4, 3, 1, 3, 2

Page 15, Item 1:
(1)3, 1, 3, 3, 4, 2

Page 16, Item 1:
(1)9 (2)9 (3)8 (4)8

Page 17, Item 1:
(1)7 (2)8 (3)4 (4)6

Page 18, Item 1:
(1)5 (2)6 (3)5 (4)8

Page 19, Item 1:
(1)6 (2)7 (3)6 (4)8

Page 20, Item 1:
(1)8 (2)6 (3)8 (4)6

Page 21, Item 1:
(1)4 (2)7 (3)10 (4)8

Page 22, Item 1:
(1)8 (2)5 (3)9 (4)5

Page 23, Item 1:
(1)9 (2)9 (3)10 (4)9

Page 24, Item 1:
(1)6 (2)4 (3)5 (4)5

Page 25, Item 1:
(1)7 (2)5 (3)7 (4)10

Page 26, Item 1:
(1)9 (2)6 (3)5 (4)6

Page 27, Item 1:
(1)7 (2)9 (3)5 (4)5

Page 28, Item 1:
(1)5 (2)7 (3)8 (4)9

Page 29, Item 1:
(1)8 (2)7 (3)6 (4)5

Page 30, Item 1:
(1)4 (2)4 (3)9 (4)9

Page 31, Item 1:
(1)5 (2)4 (3)7

Page 32, Item 1:
(1)3 (2)5 (3)1

Page 33, Item 1:
(1)4 (2)4 (3)6

Page 34, Item 1:
(1)6 (2)7 (3)1

Page 35, Item 1:
(1)2 (2)4 (3)7

Page 36, Item 1:
(1)10 (2)5 (3)8

Page 37, Item 1:
(1)3 (2)7 (3)7

Page 38, Item 1:
(1)7 (2)5 (3)8

Page 39, Item 1:
(1)9 (2)10 (3)2

Page 40, Item 1:
(1)3 (2)6 (3)6

Page 41, Item 1:
(1)4 (2)2 (3)3

Page 42, Item 1:
(1)1 (2)3 (3)1

Page 43, Item 1:
(1)9 (2)4 (3)7

Page 44, Item 1:
(1)9 (2)3 (3)6

Page 45, Item 1:
(1)10 (2)3 (3)9

Page 46, Item 1:
(1)10 (2)8 (3)7 (4)9 (5)12 (6)12

Page 47, Item 1:
(1)6 (2)10 (3)11 (4)9 (5)12 (6)9

Page 48, Item 1:
(1)10 (2)12 (3)7 (4)10 (5)7 (6)8

Page 49, Item 1:
(1)8 (2)9 (3)6 (4)12 (5)6 (6)10

Page 50, Item 1:
(1)9 (2)6 (3)10 (4)12 (5)7 (6)10

Page 51, Item 1:
(1)9 (2)8 (3)8 (4)12 (5)10 (6)8

Page 52, Item 1:
(1)11 (2)8 (3)11 (4)11 (5)8 (6)8

Page 53, Item 1:
(1)6 (2)10 (3)9 (4)12 (5)7 (6)7

Page 54, Item 1:
(1)6 (2)10 (3)6 (4)8 (5)6 (6)6

Page 55, Item 1:
(1)6 (2)9 (3)11 (4)6 (5)8 (6)7

Page 56, Item 1:
(1)11 (2)12 (3)8 (4)9 (5)10 (6)7

Page 57, Item 1:
(1)9 (2)7 (3)11 (4)12 (5)9 (6)12

Page 58, Item 1:
(1)8 (2)8 (3)12 (4)11 (5)8 (6)12

Page 59, Item 1:
(1)8 (2)11 (3)11 (4)11 (5)8 (6)11

Page 60, Item 1:
(1)9 (2)7 (3)8 (4)12 (5)6 (6)6

Page 61, Item 1:
(1)7 (2)2 (3)9 (4)8 (5)6 (6)3 (7)4 (8)7

Page 62, Item 1:
(1)9 (2)4 (3)3 (4)7 (5)10 (6)6 (7)9 (8)5

Page 63, Item 1:
(1)6 (2)7 (3)10 (4)5 (5)8 (6)2 (7)3 (8)6

Page 64, Item 1:
(1)1 (2)6 (3)9 (4)10 (5)7 (6)8 (7)2 (8)3

Page 65, Item 1:
(1)6 (2)7 (3)10 (4)5 (5)6 (6)3 (7)9 (8)8

Page 66, Item 1:
(1)1 (2)7 (3)3 (4)9 (5)7 (6)5 (7)8 (8)4

Page 67, Item 1:
(1)8 (2)2 (3)10 (4)7 (5)3 (6)1 (7)4 (8)8

Page 68, Item 1:
(1)5 (2)4 (3)6 (4)3 (5)4 (6)2 (7)7 (8)9

Page 69, Item 1:
(1)8 (2)6 (3)4 (4)3 (5)5 (6)2 (7)1 (8)8

Page 70, Item 1:
(1)8 (2)7 (3)6 (4)5 (5)9 (6)3 (7)2 (8)10

Page 71, Item 1:
(1)5 (2)3 (3)10 (4)4 (5)7 (6)6 (7)5 (8)2

Page 72, Item 1:
(1)7 (2)10 (3)5 (4)4 (5)1 (6)5 (7)8 (8)6

Page 73, Item 1:
(1)6 (2)7 (3)10 (4)2 (5)4 (6)5 (7)9 (8)6

Page 74, Item 1:
(1)4 (2)1 (3)2 (4)5 (5)10 (6)6 (7)8 (8)7

Page 75, Item 1:
(1)5 (2)4 (3)7 (4)8 (5)10 (6)1 (7)9 (8)3

Page 76, Item 1:
(1)7 (2)2 (3)10 (4)5 (5)4 (6)3 (7)8 (8)9

Page 77, Item 1:
(1)1 (2)3 (3)2 (4)6 (5)9 (6)10 (7)8 (8)7

Page 78, Item 1:
(1)5 (2)7 (3)3 (4)8 (5)10 (6)1 (7)6 (8)4

Page 79, Item 1:
(1)7 (2)5 (3)9 (4)10 (5)1 (6)3 (7)2 (8)8

Page 80, Item 1:
(1)5 (2)2 (3)1 (4)4 (5)3 (6)8 (7)6 (8)10

Page 81, Item 1:
(1)10 (2)7 (3)2 (4)3 (5)5 (6)1 (7)6 (8)4

Page 82, Item 1:
(1)9 (2)1 (3)2 (4)4 (5)3 (6)6 (7)4 (8)8

Page 83, Item 1:
(1)9 (2)1 (3)2 (4)8 (5)4 (6)3 (7)8 (8)7

Page 84, Item 1:
(1)6 (2)3 (3)9 (4)7 (5)1 (6)2 (7)8 (8)5

Page 85, Item 1:
(1)3 (2)7 (3)1 (4)6 (5)4 (6)5 (7)10 (8)8

Page 86, Item 1:
(1)9 (2)5 (3)7 (4)2 (5)7 (6)6 (7)10 (8)4

Page 87, Item 1:
(1)9 (2)10 (3)4 (4)2 (5)5 (6)8 (7)3 (8)1

Page 88, Item 1:
(1)10 (2)1 (3)6 (4)7 (5)5 (6)9 (7)2 (8)3

Page 89, Item 1:
(1)2 (2)7 (3)10 (4)3 (5)9 (6)2 (7)8 (8)1

Page 90, Item 1:
(1)7 (2)5 (3)9 (4)8 (5)6 (6)3 (7)4 (8)5

Page 91, Item 1:
(1)7, 9, 11, 12, 19, 20

Page 92, Item 1:
(1)4, 7, 8, 11, 16, 21

Page 93, Item 1:
(1)9, 11, 13, 17, 21, 25, 27, 28

Page 94, Item 1:
(1)9, 11, 16

Page 95, Item 1:
(1)9, 13, 14

Page 96, Item 1:
(1)11, 13, 14

Page 97, Item 1:
(1)0, 6, 8, 15, 16, 19

Page 98, Item 1:
(1)7, 9, 13, 14, 18, 24, 25, 33

Page 99, Item 1:
(1)10, 12, 17

Page 100, Item 1:
(1)6, 7, 12